MODERNE
WIRTSCHAFTSGESTALTUNGEN
HERAUSGEGEBEN VON
KURT WIEDENFELD
HEFT 5

Die Güterschiffahrt auf der Saale und Unstrut

Von

Dr. J. Remme

Bonn 1918
A. Marcus & E. Webers Verlag
Dr. jur. Albert Ahn

Literatur.

(Die Arbeit ist im Februar 1916 abgeschlossen. Bei der Bearbeitung sind die durch den Krieg geschaffenen Verhältnisse nicht berücksichtigt.)

In den Fußnoten wird u. a. auf die folgenden Veröffentlichungen Bezug genommen. Die Aufzählung stellt nur einen kleinen Teil der benutzten Literatur dar.

Denkschrift, „betr. die Bauausführungen an denjenigen natürlichen und künstlichen Wasserstraßen, über deren Regulierung und Herstellung dem Landtage besondere Vorlagen gemacht worden sind." Seit 1880, fortlaufend alle 2—3 Jahre. Drucks. des preuß. H. d. A.

Denkschrift 1882. „Über die Schiffahrtsstraße der Unstrut und Saale von Artern bis zur Einmündung der Saale in die Elbe." Drucks. d. preuß. H. d. A., III. Sess., 14. Legisl.-Per. Nr. 29, S. 7—17.

Denkschrift 1888. „Über die Ströme Memel, Weichsel, Oder, Elbe, Weser und Rhein." Bearb. i. A. dse M. d. ö. A. Berlin 1888. Druck von J. Kerskes. Vgl. darin die Elbe S. 157—224.

Die Schiffahrt der deutschen Ströme, Untersuchungen über deren Abgabenwesen, Regulierungskosten und Verkehrsverhältnisse. Schr. d. Ver. f. Soz.-Politik, Bd. 100, I, Leipzig 1903 und B. 100, III, Leipzig 1905. — Bd. 100, I: Dr. G. Bindewald. „Entwicklung des Abgabenwesens und der Regulierungskosten der Elbschiffahrt 1871—1900.

Elbstrom, der, „sein Stromgebiet und seine wichtigsten Nebenflüsse". Eine hydrographische, wasserwirtschaftliche und wasserrechtliche Darstellung. I. A. d. deutschen Elbuferstaaten u. unter Beteiligung des preuß. Wasserausschusses hrg. v. d. Kgl. Elbstrombverw. zu Magdeburg, Berlin 1898. Bd. I—III. Über Lit. über das Elbstromgebiet vgl. Bd. I, Vorwort S. XII—XIII.

Führer auf den deutschen Schiffahrtsstraßen. III. Teil, Das Elbgebiet. Bearb. v. d. Kgl. Elbstrombauverwaltung in Magdeburg. 3. Aufl. Berlin 1912.

Grotewold, Dr. „Die deutsche Schiffahrt in Wirtschaft und Recht". Stuttgart 1914.

Hagen, Freiherr vom, C. H., Stadtrat. „Die Stadt Halle". Halle 1867.

Königs Eisenbahn-Frachten-Tarif ab Staatsbahnhof der Umschlagsplätze: Magdeburg, Schönebeck, Barby, Aken, Wallwitzhafen, Wittenberg, Torgau, Halle, Riese-Elbkai, Dresden-Elbkai im Verkehr mit deutschen Stationen. 3. Aufl. Erfurt 1914, Druck und Verlag von G. A. Koenig.

Pleissner, Dr. Erich. „Konzentration der Güterschiffahrt auf der Elbe." Zeitschr. f. die ges. Staatswissenschaften. Ergänzungsheft L. Tübingen 1914.

Reinus, Max. „Halle in der Gegenwart, mit histor. Rückblicken.', Halle 1907. Abschn. Handel u. Industrie S. 275—379.

Schanz, Georg. „Die Kettenschleppschiffahrt auf dem Main." Bamberg 1893. Studien über die bayrischen Wasserstraßen H. 1.

Scheck, R. „Die Niederschlags- und Abflußverhältnisse der Saale mit besonderer Berücksichtigung der Wasserstände. Wiesbaden 1893.

Ule, Dr. Willi. „Zur Hydrographie der Saale." In Forschungen zur Deutschen Landes- und Volkskunde, 10. Bd. H. 1. Stuttgart 1896.

Moderne Wirtschaftsgestaltungen

herausgegeben von

KURT WIEDENFELD
ord. Professor an der Universität Halle

Heft 5:

Die Güterschiffahrt auf der Saale und Unstrut

Von

Dr. J. REMME

Bonn 1918
A. Marcus und E. Webers Verlag
Dr. jur. Albert Ahn

Die Güterschiffahrt auf der Saale und Unstrut

Von

Dr. J. REMME

Bonn 1918
A. Marcus und E. Webers Verlag
Dr. jur. Albert Ahn

Druck von Heinrich Ludwig, Bonn a. Rhein

Inhalt.

Abkürzungen.

Abgeordnetenhaus: H. d. A.
Aktiengesellschaft: A. G.
Führer auf den deutschen Schiffahrtsstrassen: Führer.
Hallescher Speditions-Verein, A. G.: Hall. Sp. V.
Hamburg-Hallesche Dampfschiffahrts-Gesellschaft m. b. H.: H. H. D. G.
Handelskammer: H. K.
Jahresbericht: J. B.
Mitteilung: Mtlg.
Offene Handelsgesellschaft: O. H.
Reichstagsdrucksachen: Reichsdr.
Rhederei der Saaleschiffer, A. G.: Rhederei.
Schiffseigner-Verband Germania: Germania.
Session: Sess.
Speditions-Verein Mittelelbische Hafen- und Lagerhaus A.-G.: Mittelelb. Sp. V.
Statistik des Deutschen Reiches: Stat. d. D. R.
Vereinigte Elbschiffahrts-Gesellschaften, A. G.: V. E. G.
Zeitschrift für Binnenschiffahrt: Zsch. f. Bsch.
Zeitschrift „Das Schiff": Schiff,

Einleitung [1]).

1. Die am Zellerfels im Fichtelgebirge entspringende Saale ist von Lobenstein an flößbar, von Naumburg an,

---

1. An Literatur siehe besonders:

a. Zu Geographie u. Hydrographie: Denkschrift 1882, 1888; Scheck; Ule; Elbstrom; Führer.

b. Über die Fahrbahn: v. Hagen I, S. 367. — G. Baumeier, ein längerer Aufsatz über die Saale, Schiff Nr. 60, 1881. — Bindewald, in: Die Schiffahrt der deutschen Ströme S. 86—90. — Reichstagsdrucksachen Bd. 282, Nr. 1127, S. 5871. — Aufwendungen zum Ausbau der Saale im Verfolg des Reichsschiffahrtsabgabengesetzes von 1911 laut einer amtlichen Denkschrift, abgedruckt im Schiff Nr. 1649, 1911. — Elbstrom Bd. III 2, S. 250 ff. — Statistik des deutschen Reiches, N. F. Bd. 179, IIa. — Besonders für Unstrut: Drucksachen des Hauses der Abgeordneten, 15. Legisl.-Per. I. Sess., 1882—83, Nr. 23.

c. Zu Häfen, Lösch- und Ladestellen: Verzeichnis sämtl. Häfen, Lösch- und Ladestellen, s. Führer. — Desgl. Statistik des Deutschen Reiches N. F. Bd. 179 IIa, S. 141—143.

d. Zu Beförderungsmitteln: Vergl. die Veröffentl. des Kaiserl. Statist. Amtes über die Bestandsaufnahme der Binnenschiffe: — Über die gesetzl. Grundlage und Art der Erhebung seit 1882, s. N. F. Bd. 149 (1902) S. 3; seit 1907 N. F. Bd. 192 (1907) Einleitung. — Bis 1902 einschl. sind die Zahlen zusammengefaßt veröffentlicht 1) für die ganze Saale und 2) für die Unstrut; seit 1907 1) für die Saale mit der Unstrut in der Provinz Sachsen, 2) für die Saale im Herzogtum Anhalt. — Hinsichtlich Gattung und Verwendungszweck der Schiffe mit Berücksichtigung der Tragfähigkeit i. Sa., Leistungsfähigkeit der Fortbewegungsmaschinen in Sa., des Hauptbaustoffs, der Bauart, der Art der Eindeckung, des Tiefganges und der Abmessungen, vergl. die Jahre seit 1892. — In bezug auf Altersklassen vergl. die Jahre 1907 und 1912, da die Angaben bis 1902 lückenhaft sind. — Allgemeine Übersichten für das gesamte deutsche statistische Erhebungsgebiet finden sich in den Veröffentlichungen der Jahre 1907 und 1912 in der Einleitung, vergl. namentlich N. F. Bd. 264.

wo als wichtigster Nebenfluß links die Unstrut mündet, schiffbar. Von hier aus bis zur Halleschen Schleuse können jedoch, wie auf der von Bretleben an schiffbaren Unstrut, nur Kähne mit einer Tragfähigkeit bis zu 180 t fahren. Erst unterhalb der Halleschen Schleuse beginnt mit Fahrzeugen bis zu 400 und 450 t, in einigen Fällen bis zu 480 t Tragfähigkeit, die Großschiffahrt, die dann beim Saalhorn oberhalb Barby, an der Saalemündung, Anschluß an das ostdeutsche Binnenschiffahrtsnetz findet.

Der wichtigste Verkehrsabschnitt der Saale, Halle-Mündung, gliedert sich nach dem „Führer" in folgende Strecken:

Halle (Sophienhafen)	— Salzmünde (Fähre)	14,5 km
„ „	— Wettin (Schiffsbr.)	21,0 „
„ „	— Friedeburg (Hafen)	31,8 „
„ „	— Alsleben (Schleuse)	46,4 „
„ „	— Bernburg (Schleuse)	64,4 „
„ „	— Nienburg (Bodemdg.)	74,4 „
„ „	— Kalbe (Schleuse)	82,1 „
„ „	— Saalhorn	104,5 „

Das Klima, namentlich Temperatur und Niederschläge, entspricht den üblichen Wetterverhältnissen Mitteldeutschlands. Durch Eis, Hochwasser, Nebel ist die Schiffahrt im allgemeinen 4—6 Wochen jährlich während des Winters gesperrt, eine Zeit, die regelmäßig für die fast alljährlich notwendigen, ebenfalls etwa 4—6 Wochen erfordernden Schleusenreparaturen ausgenutzt wird.

Die Wasserstandsverhältnisse [2]) sind im allgemeinen recht unbeständig. Nach Angaben der „Denkschriften, betreffend die Bauausführungen . . ." betrugen die Wassertiefen auf den flachsten Stellen in m:

2. Ein gutes Bild von den Wasserstandsverhältnissen der Saale geben vom Kgl. Wasserbauamt in Halle geführte Zusammenstellungen des Hoch-, Mittel- und Niedrigwasserstandes seit 1872 im Mittel an den dem Wasserbauamt unterstellten Schleusen.

	1902	1903	1904	1905	1906	1907	1908	1909	1910	1911
im Mai	—	1,70	1,20	1,50	—	1,90	—	1,30	1,33	1,48
„ Juni	1,65	0,95	1,10	1,20	—	1,50	1,92	1,14	1,34	1,12
„ Juli	1,25	0,80	0,70	1,20	1,80	1,90	1,50	1,18	1,78	0,82
„ Aug.	1,25	1,00	0,60	1,15	1,45	1,35	1,66	0,98	1,52	0,66
„ Sept.	1,20	0,90	0,60	1,30	1,25	1,50	1,40	1,12	1,50	0,65
„ Oktbr.	1,25	1,15	0,85	—	1,80	1,35	1,22	1,62	1,34	0,78
„ Novbr.	1,00	1,25	1,00	—	1,55	1,25	1,10	1,42	1,32	0,83

Inwieweit der Wasserstand die Ausnutzung der Tragfähigkeit eines normalen Saalemaßkahnes von 300—400 t Tragfähigkeit beeinflußt, ist leicht festzustellen, wenn bekannt ist, daß ein solcher Kahn, der einen durchschnittlichen Leertiefgang von 37—42 cm hat, gewöhnlich von 50 t Ladung um 20 cm gedrückt wird. Ein Güterdampfer kann die Ladefähigkeit infolge seines höheren Eigengewichts (Kessel, Kesselwasser, Maschine, Dampfwinden, Masten) bei Niedrigwasser noch schlechter ausnutzen als ein Kahn. In wasserarmen, trockenen Jahren, wie 1893, 1894, 1904, 1911 mußte die Schiffahrt sogar mehrere Wochen ganz eingestellt werden. Die Einwirkung des niedrigen Wasserstandes auf den Schiffsverkehr im Jahre 1911 zeigt folgende Übersicht, die sich in den Drucksachen des Reichstags, Bd. 282, Nr. 1127, S. 5795 findet. Danach durchfuhren die Schleuse zu Kalbe im August 1910 bei gutem und im August 1911 bei schlechtem Wasserstand Fahrzeuge:

	Zus.	unter 200 t	200—300 t	über 300 t
1910	415	67	111	237
1911	36	7	8	21

2. Eine durchgehende Schiffahrtstrasse von Artern bis zur Saalemündung besteht seit dem Einbau der 1822 vollendeten Schleusen zwischen Merseburg und Halle. Der jetzige Zustand ist aber auf die Anfang der 1880er Jahre einsetzende Flußregulierung zurückzuführen, bei der

in erster Linie die Schaffung einer einigermaßen befriedigenden Mindestfahrwassertiefe angestrebt wurde.

Im großen und ganzen ist das mit den Regulierungsarbeiten angestrebte Ziel erreicht worden. Es ist in Preußen und Anhalt das gleiche, trotzdem zwischen den beiden Uferstaaten kein der Elbschiffahrtakte entsprechendes Übereinkommen besteht, die Grundlagen sind vielmehr von den beiden Staaten gesondert festgelegt [3]). Dieses Ziel war für die Unstrut eine Mindesttiefe von 80 cm bei dem niedrigsten bekannten Wasserstand; für die Saale von Naumburg bis zur Elstermündung von 70 cm, unterhalb der Elstermündung bis zur Elbe von 93 cm. Umfangreiche bauliche Veränderungen der Schleusen und des Strombetts sind jedoch oberhalb von Halle noch nötig, um das von dem Reichsgesetz vom 24. Dezember 1911, betr. den Ausbau der deutschen Wasserstraßen und die Erhebung von Schiffahrtsabgaben, in Art. II, § 3, Abs. 1 c. 2, gesteckte Ziel zu verwirklichen, nämlich die Saale von der Einmündung des geplanten Verbindungskanals mit Leipzig in der Nähe von Kreypau bis Halle für Schiffe von mindestens 400 t Tragfähigkeit fahrbar zu machen, sowie das Fahrwasser von Halle bis zur Elbe entsprechend zu verbessern. Eine bestimmte Breite des Fahrwassers ist hierbei nicht festgesetzt. Es ist noch immer trotz zahlreicher wasserbautechnischer Eingriffe aller Art schwierig und unbequem zu nennen und veranlaßt die Schiffe häufig, bei der Talfahrt zur Aushilfe und Erhöhung der Sicherheit bis Magdeburg, unter Umständen noch weiter, einen sogen. „Haupter", das ist einen Lotsen, anzunehmen.

Eine größere Unbequemlichkeit bedeuten die zahlreichen Mühlen aller Art (Mahl-, Schneide-, Oel-, Papiermühlen; Holzschleifereien), die an jeder Staustufe sich befinden. Sie stammen großenteils noch aus jenen Tagen, da die Kanalisierung grade der gewerblichen Zwecke wegen aus-

3. Reichstagdr. Bd. 282, Nr. 1127, S. 5871.

geführt worden ist, und reichen daher in der Entstehung bis zum Mittelalter zurück. Heute jedoch gibt die zum Betrieb dieser Anlagen notwendige Wasserentnahme Anlaß zu ständigen Klagen über Beeinträchtigung der Schiffahrt[4]. Grade bei niedrigem Wasser, etwa von einer Fahrtiefe von 1,30 m an und darunter, macht es sich geltend; also in Zeiten, wo die an sich schon geringe Lademöglichkeit nach Kräften ausgenutzt werden muß, um die Fahrt noch einigermaßen lohnend zu gestalten. Besonders wird in dieser Beziehung über Wettin und die unterhalb Wettins gelegenen Staustufen geklagt; nicht selten sollen Schiffer 6 Stunden und mehr aufgehalten werden. Ob aber die von der Schiffahrt erhobenen Vorwürfe über zu Unrecht erfolgende Absperrungen von Wasser durch die Mühlenbetriebe berechtigt sind, kann hier nicht entschieden werden. Jedenfalls zeigen die von Tag zu Tag oft auffälligen Schwankungen der Unterpegelstände, daß das Mühlenwasser nicht ohne Einfluß auf den Wasserstand unterhalb der Schleuse sein kann Die über die Saale führenden Brükken[5] bilden, bis auf die sogenannte Bernburger-Straßenbrücke[6], die schon bei einem Pegelstand von + 2,50 m

4. Einige Klagen s. im Schiff: Nr. 310, S. 84, 1886; Nr. 723, S. 64, 1894; Nr. 751, S. 400, 1894. — Seitdem sind Beschwerden der Schiffer von der Wasserbauverwaltung abschlägig beschieden; den Nachweis unrechtmäßiger Absperrung von Wasser konnten die Schiffer nicht erbringen; offizielle Prüfungen der Behörde bei den Werken ergaben kein Belastungsmaterial.

5. Ueber Lage und Abmessungen siehe: Führer; Statistik des Deutschen Reiches, N. F. Bd. 179, II a, S. 80 und S. 291—294; Elbstrom, Bd. III, 2, S. 253—255.

6.

Die lichte Höhe der Brücke beträgt in m	bei einem Pegelstand am Bernbg. Unterpegel
6,35	0,00
2,75	3,60
2,47	3,98

Der der Rhederei gehörige Eildampfer „Merseburg“ hat leer, wenn alles umgelegt ist, eine Höhe von 4,45 m. Er kam bergwärts am 20. Januar

am Bernburger Schleusenunterpegel (Führer, S. 155) von leeren Kähnen nicht mehr durchfahren werden kann, für die Schiffahrt keine Störung.

Bei Saale und Unstrut treffen trotzdem im allgemeinen alle zugunsten von Kanalisierungen angeführten Gründe zu, als da sind: Beseitigung allzu unregelmäßiger Wasserstände, gesicherte Fahrtiefe, Verwertung der durch Stau erzeugten Wasserkräfte, Verminderung der Geschiebeablagerungen, Minderung der Stromgeschwindigkeit und damit Sicherung der Talfahrt, endlich Sicherung der Kostendeckung durch Schleusen- oder Schiffahrtsabgaben für die fortlaufenden Unterhaltungskosten[7]), die sich bei kanalisier-

---

1915 an die Brücke mit einem Tiefgang von 1,75 m, d. h. mit einer Ladung von 255 t einschl. Kohlen, er lag 2,70 m hoch. Der Pegel zeigte 3,98 m. Der Dampfer mußte 8 Tage warten, bis das Wasser um 38 cm auf 3,60 m gefallen war. — Aehnliche Beispiele lassen sich leicht stark vermehren. — Einige Klagen s. J. B. der H. K. Halle, 1898, S. XXVII; Schiff Nr. 1014, S. 284, 1899; Gesamtsitzung der H. K. Halle am 16. 5. 1906, Punkt 4 der Tagesordnung.

7. (Vgl. Tabelle nächste Seite.) Die Angaben sind Akten der Kgl. Wasserbauämter zu Naumburg, Halle, Magdeburg und der Herzogl. Wasserbauverwaltung in Dessau entnommen. — Die Zahlen stammen aus den Übersichten I A über die Rentabilität der wichtigeren künstlichen Wasserstrassen, für deren Benutzung Abgaben für Rechnung des Preuß. Staates erhoben werden. Die Angaben in der Spalte über Anlagekapital enthalten alle wirklich investierten Anlagekapitalien, wobei Brücken außer Betracht gelassen sind. — Betr. die Angaben für das Herzogt. Anhalt vgl. ferner „Amtl. Prot. d. Anhalt. Landtages"; danach sind im Mittel der Jahre 1905—1914 je nach dem Wasserverkehr 15 bis 20,000 M. jährlich vereinnahmt. — Die Einnahmen an Beiträgen, Mieten usw. schwanken in Anhalt je nach dem Absatz der Baggerscheine. Sie betrugen von 1902—1912 im Mittel 7—10,000 M. jährlich; seitdem 1000 M.

Angaben über die finanzielle Lage der Saale und Unstrut enthalten ferner seit 1880 die dem preuß. Abgeordnetenhaus regelmäßig vorgelegten Denkschr. betr. die Bauausführungen usw. — Verkehrsabgaben betr. s. für Preußen den Etat der Bauverwaltung. — Über Rentabilität der Saale und Unstrut s. auch Reichstagsdrucksachen Bd. 282, N. 1127. S. 5889, 5895, 5897 ff.

Bezeichnung der Wasserstraße	Anlagekapital, soweit es mit hinreichender Sicherheit ermittelt werden konnte. Bis einschl. Etatsjahr 1913	Jahreszinsen des Anlagekapitals u. zwar zu $3^1/_2$ % bis 1. 4. 08 u. 4 % von den später aufgewendeten Beträgen. Im Mittel der Etatsjahre 1902—1913	Laufende Ausgaben im im Mittel der Etatsjahre 1902—1913			Einnahmen im Mittel der Etatsjahre 1902—1913			Fehlbeträge durch Vergl. der Einnahmen mit den laufenden Ausgaben. Im Mittel 1902—1913	Es fehlen zur vollen Deckung der Selbstkosten einschl. der Kapitalsverzinsung. Im Mittel 1902—1913
			Sächliche	Persönliche	zusammen	an Verkehrsabgaben	an Beiträgen Mieten, Pachten, sonstige Nutzungen ausschl. Fährpachten	zusammen		
Kanal. Unstrut 71,3 km	2 112 558	73 940	26 609	24 996	51 605	667	1 594	2 261	49 344	123 284
„ Saale 149,1 km	7 672 143	268 548	115 500	79 003	194 503	30 761	11 856	42 617	151 886	420 434
Strecke i. Reg.-Bez. Merseburg	6 169 473	215 932	96 184	65 485	161 669	19 846	8 218	28 064	133 605	349 537
„ Naumburg-Halle	3 409 173	119 320	44 085	34 265	78 350	1 539	4 870	6 409	71 941	191 261
„ Halle-Anhalt. Grenze	2 760 300	96 611	52 099	31 220	83 319	18 307	3 348	21 655	61 664	158 276
„ Anh. Grenze-Mündung	1 502 670	52 616	19 316	13 518	32 834	10 915	3 638	14 553	18 281	70 897
Saale im Herzogt. Anhalt, 27,5 km	1870—1904/05 614 085	26 180	seit 1905: 10 000	rd. 6 000	16 000	×	××			

ten Wasserläufen gewöhnlich nicht so hoch stellen wie bei regulierten. Für die Stellung der Schiffahrt im besonderen ist die Tatsache ausschlaggebend, daß ohne Kanalisierung ein Schiffsverkehr wegen zu starker Strömung und geringer Fahrwassertiefe gänzlich ausgeschlossen wäre.

Von den in der Theorie gegen die Kanalisierung erhobenen Einwendungen gegenüber den nur regulierten Wasserstraßen ist die wichtigste, daß nämlich die Kanalisierung mit weit höheren Baukosten [8]) verknüpft sei, für Saale und Unstrut insofern gegenstandslos, als die Kanalisierung hier bis ins Mittelalter zurückgeht und anzunehmen ist, daß die in den Bau der Wehre und sonstiger Anlagen gesteckten Summen und andre etwa bis 1816 gemachten Aufwendungen in den Erträgen und Vorteilen, die einerseits die Mühlenbetriebe aus der Kanalisierung zogen, und die andrerseits die Schiffahrt bei den minderwertigen Verkehrsmöglichkeiten zu Lande bis zum Aufkommen der Eisenbahnen bot, längst als getilgt anzusehen sind. Ueber die seit 1816 gemachten Aufwendungen vgl. Anm. 7.

Unangenehm machen sich dagegen die mit den Schleusungen unvermeidlich verbundenen Aufenthalte bemerkbar. Im ganzen zählen wir an Saale und Unstrut deren 30 — 12 auf der Unstrut, 18 auf der Saale. Von den Saaleschleusen sind 7 unterhalb des Halleschen Hafens zu finden: die zu Gimritz, Trotha, Wettin, Rothenburg, Alsleben, Bernburg und Kalbe [9]). Allein auf dieser Strecke verliert z. B. jeder

---

8. Vergl. Denkschrift 1882 S. 14. Nach amtl. Voranschlägen sollen sich lt. Mitt. des Kgl. Wasserbauamts Halle die Kosten für den Umbezw. Neubau der Schleusen zwischen Halle und der Einmündung des geplanten Leipzig-Saalekanals einschl. Schleusenunter- und -obergraben auf je rund 440 000 M. belaufen.

9. Ueber die Namen aller Schleusen, ihre Abmessungen, die zu überwindenden Höhenunterschiede bei Mittelwasser und die Entfernung von Schleuse zu Schleuse vergl. „Denkschrift 1882 . . ." S. 11. Was Breiten und Längen in dieser Zusammenstellung betrifft, so sind die zulässigen Höchstmaße der die Schleusen durchfahrenden Fahrzeuge angegeben, nicht die wirklichen Längen und Breiten, die bei den einzelnen Schleusen kleinere Abweichungen aufweisen.

Kahn, der jährlich je 5—6 mal von und nach Halle fährt, durch Schleusungen im Jahre ungefähr 6—10 Arbeitstage. Ein den Eilstückgutverkehr zwischen Halle und Hamburg oder Berlin besorgender Güterdampfer dagegen verliert jährlich durchschnittlich 360 Stunden oder 15 Tage, den Tag zu 24 Stunden gerechnet. Da diese 360 Stunden aber Arbeitsstunden vorstellen, so gehen 30 oder 20 Tage, den Tag zu 12 oder 18 Stunden gerechnet, verloren; das sind $1^1/_2$—$2^1/_2$ Doppelreisen im Jahr.

3. Eine weitere Belastung des Verkehrs bilden die für die Schleusenbenutzung zu zahlenden Schleusenabgaben. Die Schleusenabgaben werden erhoben auf Grund eines zwischen Preußen und Anhalt abgeschlossenen Staatsvertrages über die Erhebung der Schiffahrts- und Flößereiabgaben auf der Saale, der am 21. Okt. 1902 abgeschlossen und am 1. Januar 1903 in Kraft getreten ist. Die Abgabe ist abgestuft nach dem Wert der Güter, die in 4 Güterklassen geteilt sind. Es ist an jeder preußischen Zollschleuse zu entrichten für 1 t von Gütern der I. Kl. 2,5 Pf., der II. Kl. 2,00 Pf., der III. Kl. 1,5 Pf., der IV. Kl. 1,00 Pf. Die an der anhaltischen Schleuse in Bernburg zu entrichtenden Abgaben entsprechen den preußischen mit der Maßgabe, daß für die t in jeder Güterklasse der doppelte Satz zu berechnen ist. Das zur Zeit geltende Güterverzeichnis (Preuß. Gesetzsammlung Jahrg. 1915 S. 91) ist am 1. Juli 1915 in Kraft getreten.

Da bei dem Transport von Halle bis zur Elbe an 4 preußischen und 1 anhaltischen (der Bernburger) Schleuse Abgaben zu entrichten sind, so beträgt die Belastung der Güter je t für Güter der I. Kl. 15 Pf., der II. Kl. 12 Pf., der III. Kl. 9 Pf. und der IV. Kl. 6 Pf. Das sind auf der 105 km langen Flußstrecke für 1 tkm in der I. Kl. 0,14 Pf., in der II. Kl. 0,11 Pf., in der III. Kl. 0,086 Pf., in der IV. Kl. 0,057 Pf. Eine recht erhebliche Abgabe im Vergleich zu den tkm-Sätzen des Schiffahrtsabgabengesetzes von 1911, die nach 5 Klassen abgestuft zwischen 0,02 und 0,1 Pf. schwanken.

Die Höhe der Belastung der Güter, die alle Schleusen durchfahren, beträgt zur Zeit auf der Saale ausgedrückt in % des Gesamtfrachtsatzes:

Höhe der Fracht in Pf. je 100 kg	Kl. I	Kl. II	Kl. III	Kl. IV
20	7,5	6	4,5	3,0
30	5,0	4,0	3,0	2,0
40	3,75	3,0	2,25	1,5
50	3,0	2,4	1,8	1,2
60	2,5	2,0	1,5	1,0
70	2,1	1,7	1,3	0,9

Die Abstufung der Schleusenabgaben nach dem Wert der Güter läßt auf die Absicht schließen, die gewöhnlichen Massengüter, deren Transport die Wasserstraße ja in erster Linie dienen soll, am wenigsten zu belasten. Obige Zusammenstellung zeigt aber, daß der Zweck nicht oder nur zu einem kleinen Teil erreicht ist. Die Wertabstufung hat nur scheinbar eine Begünstigung der höherwertigen Güter verhindert. In Wirklichkeit werden alle Güter fast gleichmäßig belastet, wenn man den niedrigeren Frachtsatz berücksichtigt, zu dem die minder wertvollen Güter der III. und IV. Kl. meistens befördert werden. Die Belastung aller Güter schwankt entsprechend ihrer tariflich verschiedenen Behandlung, an der Frachthöhe bemessen, annähernd um 3 %. Eine Verschiebung zugunsten der minderwertigeren Güter tritt insofern ein, als die Mehrzahl aller Stückgüter über Halle geht, also alle Zollschleusen zu durchfahren hat, während der größte Teil der Massengüter im Talverkehr erst auf unteren Staustufen aufs Wasser kommt und demnach nicht alle Zollschleusen berührt.

Die zu erwartenden Schiffahrtsabgaben nach dem Reichsschiffahrtsabgabengesetz von 1911 werden auf der

Saale nicht zur Erhebung gelangen (nach Mitteilung der Königl. Elbstrombauverwaltung in Magdeburg).

4. An der Unstrut, mehr noch an der Saale, läßt sich beobachten, wie Entstehung, Anlage und Ausgestaltung der Häfen, Lösch- und Ladestellen sich nach dem beiden Flüssen eigentümlichen Verkehr richtete, neuen heranzog oder neue Verkehrswege öffnete. Einen künstlichen Hafen finden wir nur in Halle, den Sophienhafen. Doch ist es praktisch und dem Wesen der Anlagen entsprechend, alle Lösch- und Lademöglichkeiten in Halle zwischen der Halleschen und Gimritzer Schleuse als Halleschen Hafen zu bezeichnen. Im übrigen ist an der Saale und Unstrut von einfachen, am Ufer gelegenen, mehr oder weniger ausgebauten Lösch- und Ladestellen zu sprechen, mit Ausnahme der erweiterten Schlenzemündung, des sogenannten Friedeburger Hafens. Als wichtige Häfen, Lösch- und Ladestellen seien neben Halle genannt: Trotha, Salzmünde, Wettin, Friedeburg, Alsleben, die Strecke Alsleben-Bernburg, Bernburg, Nienburg und Kalbe. Die Lösch- und Ladestellen, an der Unstrut und Saale an je 30 Orten mit 5000 bezw. 4000 m nutzbarer Länge, gehören den Gemeinden, seltener dem Staat oder Privaten; sie sind entweder allgemeiner Benutzung freigegeben oder dienen ausschließlich einem oder mehreren Interessenten.

Die Abmessungen der frei am Ufer gelegenen Lösch- und Ladestellen genügen im allgemeinen. Nur von den Abmessungen der Lösch- und Ladeplätze, die im Halleschen Hafen an der wilden Saale unterhalb der Anlagen des Hall. Sp. V. am Ufer der Jungfernwiese liegen, kann dies nicht gesagt werden. Hier haben sich bei regem Verkehr infolge Platzmangels schon häufiger Schiffs- und Güterstauungen unangenehm bemerkbar gemacht[10]. Wo und

10. Vielfach ist es dem Verfasser als im Interesse der Beteiligten und vor allem des gesamten Saaleverkehrs liegend bezeichnet worden, die Lösch- und Ladeeinrichtungen auf der der Stadt Halle gehörenden Jungfernwiese zu verbessern und zu vermehren, die Eisenbahngleise

welche Ladevorrichtungen vorhanden sind, ist im „Führer" angegeben.

Die Belastung des Verkehrs durch Lösch- und Ladekosten bei Benutzung von Kränen ist an den einzelnen Orten verschieden. In Halle werden für Güter mit dem Bestimmungs- oder Abgangsort Halle für Löschen und Laden gleich hohe Gebühren berechnet. Die für Umschlagsgüter geltenden Sätze sind wegen des Wettbewerbs mit der Mittelelbe niedriger.

Eisenbahnanschluß findet sich an der Saale in Friedeburg, Wettin, Salzmünde, Trotha und Halle. Am bedeutsamsten ist die 1894 dem Verkehr übergebene Verbindung des Halleschen Hafens mit der Staatsbahn durch die 1896 in den Besitz der Halle-Hettstedter Eisenbahn A. G. übergegangene sogenannte Hallesche Hafenbahn[11]), der die moderne Saaleschiffahrt ihr Gepräge verdankt. So vorteilhaft aber diese Bahn den Saaledurchgangsverkehr auch zur Entfaltung brachte, verkehrswirtschaftlich ist es für den Fluß nachteilig, daß die Station Halle-Staatsbahn dem Hafen nicht näher liegt. Alle Durchgangsgüter müssen die Hafenbahn benutzen und die hohe Hafenbahnfracht zahlen, die je 1 tkm weit höher ist als die Staatsbahnfracht.

Für Lagergelegenheit und für bequeme Zollabfertigung ist in Halle bestens gesorgt.

Der Bau besonderer Winter- und Schutzhäfen hat sich an der kurzen Saale in Rücksicht auf eine Reihe natürlicher Ausbuchtungen, Flußarme, Flußmündungen und anderer sicherer Liegeplätze als unnötig herausgestellt.

5. Das einfachste Beförderungsmittel ist die Trift (Flößerei mit unverbundenen Hölzern) und die Flößerei;

---

weiterzuführen und mehrgleisig auszubauen, besonders aber für „Vermehrung der Liegeplätze zu sorgen durch Verlängerung der bishierigen nach dem Sophienhafen zu.

11. Näheres über Hafenbahn s.: Schiff, Nr. 748, S. 364, 1894; Nr. 888, S. 115. 1897; J. B. der Halle-Hettstedter Eisenbahn 1896—1897, S. 14; J. B. H. K. 1897, S. 90; 1903, S. 58.

Beförderungsmittel und Transportgut fallen hier zusammen. Von diesen primitivsten Beförderungsmitteln sind zu scheiden die Schiffe, deren verschiedene Arten mit mechanischer Triebkraft ausgestattet sind oder nicht.

Die auf der Saale und Unstrut fahrenden Kähne lassen sich den Abmessungen nach in 3 Gruppen einteilen, entsprechend den verschiedenen Schleusenabmessungen. Von der Mündung bis einschließlich Alslebener Schleuse verkehren Kähne mit sogenanntem großen Saalemaß (bis zu 52 m L. und 6,35 m B.), bis Halle einschließlich der Schleuse Gimritz gelangen Kähne mit sogenanntem Halleschen Maß (bis zu 51,5 m L. und 6,02 m B.), von der Halleschen Schleuse an ist die Wasserstraße nur von Kähnen mit sogenanntem Unstrutmaß befahrbar (bis zu 46,5 m L. und 5,5 m B.).

Die durchschnittliche Tragfähigkeit dürfte, abgesehen von den vielfach vorkommenden Finowmaßkähnen, bei den Saalemaßkähnen gegenwärtig etwa bei 350 t liegen, auf der Unstrut bei 150—180 t.

Im Baumaterial ging man etwa seit Mitte der 1890er Jahre mehr und mehr dazu über, Eisenkähne zu bauen, die trotz höherer Baukosten (moderne eiserne Saalemaßkähne ohne Ausrüstung 18 - 24 000 M, Ausrüstung 3 000 M; Holzkähne mit Ausrüstung 15—18 000 M) den Holzkähnen wirtschaftlich u. a. wegen ihrer rund doppelt so langen Lebensdauer (40—50 Jahre gegen 20—25 Jahre), sowie der geringeren Reperaturen und geringerer Abschreibungssätze wegen (Holzkähne 7--10 %, Eisenkähne 3—5 %) überlegen sind. Der normale Leertiefgang hölzerner und eiserner Kähne von rd. 300—450 t Tragfähigkeit liegt im Mittel zwischen 37 und 42 cm, auf der Unstrut bei 35 cm.

An Schiffen mit mechanischer Triebkraft kommen, abgesehen von einigen Personendampfern, nur dem Schleppgeschäft dienende Kettendampfer und dem Eilgüterverkehr dienende Ein- oder Zweischrauben-Eilgüterdampfer vor; hin und wieder findet sich auch ein freifahrender Schleppdampfer ein. Die Preise der Dampfer schwanken je nach Bauart, Maschinenstärke, Material u. s. w. Die Saalegüterdampfer kosteten je 65—95 000 Mark. Lebensdauer (25—30 J.), Unterhaltungskosten, Höhe der Abschreibungen (einschl. Unterhaltungskosten Rumpf 7½ %, Maschinen und Kessel 10—15 %) und andere für eine Beurteilung der Dampfer als bekannt vorauszusetzende Unterlagen weichen von den entsprechenden Sätzen der Kähne, der ganz anderen Zweckbestimmung wegen ab.

Die von Beginn an für die Saale bestimmten Kähne werden, von seltenen Ausnahmen abgesehen, auf Werften an der Saale[12]) oder Elbe gebaut. Die Eildampfer stammen von größeren Dampferwerften, u. a. aus Stettin, Landsberg a. W. und Breslau.

Als bewegende Kraft dient talwärts die Strömung, bei günstigem Wind wird das Segel benutzt. Bergwärts bis Halle haben die Kettenschleppdampfer seit 1884 die Treidelei verdrängt. Die Güterdampfer schleppen gewöhnlich nur mit Eilgütern beladene Kähne. Oberhalb Halle und auf der Unstrut wird mit Pferden getreidelt.

---

12. An der Saale gibt es in Halle, Wettin, Rothenburg, Alsleben und Nienburg Schiffswerften und Schiffsbauanstalten. Zahl und Lage ist im „Führer" vermerkt. Die Mehrzahl baut nur noch kleinere Kähne oder beschränkt sich auf Reparaturen. Für moderne Saale- und andere Kähne und Fahrzeuge kommen nur Nienburg mit einer Werft und Alsleben mit 2 Werften in Betracht. Die bedeutendste ist die Alslebener Werft von Hugo Schütze. Nach Mitteilungen der Werft baute sie in den Jahren 1900—1914:

	Fahrzeuge überhaupt	Saale-maßk.	Finow-maßk.	Baggerprähme und Schuten. Wohnschiffe
zusammen	96	48	7	41 (darunter 3 Wohnschiffe)
davon aus Holz	—	—	—	—
aus Eisen mit Holzboden	—	44	7	—
aus Eisen	—	4	—	—

Als Kraftquelle werden im Güter- und Schleppverkehr ausnahmslos Dampfmaschinen benutzt von rd. 100 Ps. bei den Kettendampfern und einer Stärke bis 250 Ps. bei den Güterdampfern. Andere Motore sind auf der Saale, abgesehen von einigen Personenmotorboten, noch unbekannt; der Interessent wird sich ihnen solange fernhalten, bis zuverlässige, einen größeren Zeitraum umfaßende Erfahrungen und Ergebnisse ihre größere Wirtschaftlichkeit vor der Dampfmaschine beweisen.

Die Geschwindigkeiten sind verschieden. Der talwärtstreibende Kahn legt etwa 3 bis 7 km in der Stunde zurück, je nach Wasserstand und Gefälle. Die Pferdetreidelei oberhalb Halle kommt bis auf 3,5 km in der Stunde. Der Güterdampfer fährt bei der Berg- und Talfahrt durchschnittlich mit einer Stundengeschwindigkeit von 4—7 km. Der Kettendampfer rechnet zu Berg mit einer durchschnittlichen Stundenleistung von 4—5 km.

6. Die Saale hat durch Ausgestaltung und Entwicklung des Schiffsdienstes ihren alten Verkehr zu erhalten und neuen heranzuziehen versucht. Beides ist gelungen; die Organisation des Schiffsdienstes darf als zur Zeit allen Anforderungen genügend bezeichnet werden.

Bei Ausgestaltung des Schiffsdienstes ist der Eigenart des Saaleverkehrs Rechnung getragen. Dem Eilgutverkehr dient in erster Linie ein mit Dampfern und Kähnen betriebener fahrplanmäßig eingerichteter Eilstückgutdienst. — Die den Schleppdienst versehenden Kettendampfer fahren nach Bedarf.

Dem gewöhnlichen Stückgut- und Massenverkehr steht der Marktlage und dem Bedürfnis entsprechend Kahnraum zur Verfügung.

I. Unternehmungen und Unternehmungsformen[13]).

1. Das Jahr 1884 schuf im Saaleverkehr in verschiedener Hinsicht die Grundlagen, auf welche die gegenwärtige Saaleschiffahrt und die Entwicklung der Schiffahrtsunternehmungen nach Form und Inhalt zurückgehen. Um ein Bild von den das Saaleschiffahrtsgewerbe zur Zeit (vor Kriegsausbruch) beherrschenden Unternehmungen und Unternehmungsformen zu gewinnnn, genügt es daher, bis auf dies Jahr zurückzugehen.

Vor dem Jahre 1884 finden sich an der Saale nur selbstständige, unabhängige Einzelschiffer. Sie beförderten hauptsächlich Steine, Sand, Ton und Landesprodukte talwärts und brachten Güter zurück, die in Orten an oder nahe der Saale gebraucht wurden. Die Fahrten erstreckten sich an die obere und untere Elbe, in die märkischen Wasserstraßen, auf die Oder und bisweilen noch weiter östlich, je nachdem es Marktlage und Gelegenheit mit sich brachten. Die Transportabschlüsse kamen auf dem offenen Markt zustande; jeder mußte selber für die Ausnutzung und Beschäftigung seines Kahnes sorgen.

Das Jahr 1884 bedeutet einen Wendepunkt. Zunächst eröffnete die in Dresden ansässige „Kette, deutsche Schleppschiffahrtsgesellschaft" den Betrieb der 1873 bis Kalbe eingerichteten Kettendampfschiffahrt auf der Strecke Kalbe-Halle; das bedeutete Verbilligung der Schleppkosten — bisher wurde getreidelt — und Abkürzung der Zeit. In demselben Jahre errichteten eine Reihe Hamburger Prokureur- und Speditionsfirmen in Übereinstimmung mit Halleschen Kolonialwaren-Großhändlern die „Elbe- und Saale-Dampfschiffahrtsgesellschaft", zu dem Zweck, einen regelmäßigen, beschleunigten Stückgutdienst Hamburg-Halle mit Schleppkähnen einzurichten, um den Bedarf von Halle und der näheren Umgebung an Kaufmannsgütern auf dem Wasser-

---

13. Vgl. Pleißner, II. Abschn.: Organisation der Einzelunternehmungen.

wege zu decken. Die an der Spitze der Gesellschaft stehenden Hamburger und Halleschen Firmen beteiligten aber auch Schiffer aller Saalestationen mit kleineren Anteilen; deren Kähne sollten in bestimmter Reihenfolge zwischen Hamburg und Halle einheitlich abgefertigt werden. Der Mitgliedsschiffer brauchte also nicht mehr selbstständig auf dem offenen Markte Ladung zu suchen.

Aus der Elbe- und Saaledampfschiffahrts-Gesellschaft und den sie vertretenden Firmen entwickelten sich einige der heute die Saaleschiffahrt beherrschenden Unternehmungen. Der Schwerpunkt der Gesellschaft lag in Hamburg; anfänglich bei der Prokureur- und Speditionsfirma Heinrich Kalckmann, später bei der aus ihr hervorgehenden Firma Schmeil und Friedrich. In Halle hatte ursprünglich die Vertretung die schon seit den 1860er Jahren bestehende Prokureur-Firma Wilhelm Röder, ein bedeutendes und angesehenes Prokureurgeschäft, das seine Konkurrenzbetriebe in Schach zu halten verstand und den Teil des von Halle ausgehenden Saaleverkehrs beherrschte, welcher der Vermittlung durch Prokureure nicht entraten konnte. Als dann aus inneren Gründen im Jahre 1885 die Hallesche Vertretung einer von Hamburg aus zu diesem Zweck ins Leben gerufenen Prokureurfirma übertragen wurde, kam es daher schon 1887 wieder zu einer Vereinigung mit Wilhelm Röder, der bis 1891 die Vertretung behielt. In diesem Jahre errichtete die Hamburger Firma Schmeil und Friedrich eine selbstständige Zweigniederlassung in Halle mit einer besonderen Abteilung für Schiffahrtsangelegenheiten, auf die jetzt die Vertretung der Gesellschaft Wilhelm Röder überging. In freundschaftlichem Zusammenarbeiten beherrschten beide Firmen bis 1893 das Saalegeschäft von und nach Halle; die Transporte mehrten sich, das Geschäft ging flott.

Eine Aenderung brachte das Jahr 1893. Die „Dampfschiffahrts-Gesellschaft Vereinigter Schiffer“ an der Elbe beschloß am 5. Dezember 1893 in einer außerordentlichen

Generalversammlung den Ankauf der „Elbe- und Saale-Dampfschiffahrts-Gesellschaft" für 610 000 Mk. (Pleißner S. 125); die Vereinigung erfolgte, und beide Gesellschaften arbeiteten bis 1903 gemeinschaftlich weiter unter der Firma „Dampfschleppschiffahrts-Gesellschaft Vereinigte Elbe- und Saale-Schiffer". 1893 gaben auch Schmeil und Friedrich in ihrer Halleschen Zweigniederlassung die Abteilung für Schiffahrt auf, für die das Interesse der Firma erloschen war. Dafür eröffneten die Vereinigten Elbe- und Saaleschiffer in Halle ein Frachtkontor und übernahmen die aufgegebene Abteilung von Schmeil und Friedrich, sowie auch den Betrieb von Wilhelm Röder, der sich vom Geschäft zurückzog. Anfang 1894 sind demnach an der Saale folgende Unternehmungen zu finden: Die nicht zu den Vereinigten Elbe- und Saaleschiffern gehörenden wilden Schiffer; die als Mitglieder der Elbe- und Saale-Dampfschiffahrtsgesellschaft zu den Vereinigten Elbe- und Saaleschiffern übergegangenen Schiffer; das Frachtkontor der Vereinigten Elbe- und Saaleschiffer in Halle, das bei Frachtübernahmen zunächst seine Gesellschaftsschiffer bedachte; endlich die nur am Schleppgeschäft interessierte Kettengesellschaft. Im wesentlichen war also der Hallesche Saaleverkehr in der Hand der Vereinigten Elbe- und Saaleschiffer zusammengefaßt. Dieser Verkehr hob sich seit 1894 langsam, wozu nicht wenig die 1894 eröffnete Hafenbahn beitrug, die Halle zu einem bedeutenden Umschlagsplatz machen sollte. Das nunmehr dem Halleschen Hafen geöffnete und der Eroberung harrende Hinterland wurde damals von der Mittelelbe aus über die Häfen Aken, Wallwitzhafen, Wittenberg, Torgau und Riesa bedient. An deren Stelle schob sich nunmehr zu gutem Teil Halle. Namentlich der 1895 eigens für die Pflege des Halleschen Umschlagsverkehrs von einer Anzahl erster Hallescher Firmen und Banken als Gesellschaft m. b. H. gegründete Hall. Sp. V. und seit 1899 die Firma A. Mann zogen jährlich steigende Gütermengen über die Saale, die von Halle aus ihr Bestimmungsziel mit geringeren Transportkosten erreichen konnten als von der Mittelelbe aus.

Mit dem Auftreten der Firma A. Mann kam ein neuer Anstoß in den Aufbau der Saaleschiffahrt hinein. Nachdem sich nämlich die Firma im Jahre 1898 eine besondere Abteilung für Güterschiffahrt angegliedert hatte, taten sich auf ihre Veranlassung und unter ihrer Führung Anfang 1899 (Schiff Nr. 998, S. 76, 1899) etwa 25 wilde Saaleschiffer zu der „Rhederei der Saaleschiffer" zusammen; zu einer Genossenschaft, die den Zweck verfolgte, durch geschlossenes Auftreten nach außen den Mitgliedern lohnende Frachten zu sichern. Damit lebte der schon einmal (1829) praktisch gewordene und erst 1870 in bezug auf den Schiffahrtsbetrieb wieder begrabene genossenschaftliche Gedanke an der Saale von neuem auf[14]. Um aber den drohenden Konkurrenzkampf zwischen der Rhederei und der Firma A. Mann auf der einen und dem Frachtkontor der Vereinigten Elbe- und Saaleschiffer mit den ihm angeschlossenen Schiffern auf der anderen Seite zu vermeiden, kamen die Schiffer beider Parteien überein, Hand in Hand zu gehen. Diesem Zusammenschluß war der Umstand günstig, daß das Frachtkontor im Saalegeschäft seit seiner Einrichtung 1894 nicht günstig gearbeitet hatte, von der Entwicklung der Saaleschiffahrt nicht allzuviel erwartete und der Meinung war, daß ein Kampf mit A. Mann und der mit ihm verbundenen Rhederei der ganzen Saale und den beteiligten Firmen großen Schaden bringen müßte. Die Vereinigten Elbe- und Saaleschiffer lösten daher ihr Frachtkontor in Halle auf und zogen sich vom Saalegeschäft ganz zurück; die Beamten ihrer Hamburger Saaleabteilung und des Halleschen Kontors wurden auf die Rhederei übernommen; ebenso die bisher mit den Vereinigten Elbe-

14. Näheres darüber vergl.: „Beobachter an der Saale für Alsleben und Umgebung", 26. Jahrg. Nr. 68, 24. 8. 1895. Aufsatz: „Ein hundertjähriger Gedenktag" von G. Baumeier. Denselben Aufs. s. im „Generalanzeiger für Halle und den Saalkreis", Jahrg. N. 200, 27. 8. 1895.

und Saaleschiffern arbeitenden Saale-Schiffer. Auch eine Reihe bisher fremder Schiffer schloß sich der Rhederei noch an, so daß sie 1900 rund 125 Mitglieder zählte. Damit hatte A. Mann, mit der Rhederei im Gefolge, im Halleschen Saalegeschäft die beherrschende Stellung bekommen; der Hall. Sp. V., der ziemlich allein stand, konnte gegen die 125 genossenschaftlich zusammengeschlossenen Rhedereischiffer, für die A. Mann Spedition und Umschlag besorgte, nicht recht aufkommen, und die noch selbständig gebliebenen Kleinschiffer befaßten sich fast nur mit dem Taltransport von Massengütern aus unteren Saalestationen.

Allerlei Gründe führten aber, in den Jahren 1900 bis 1901 zu einer Lösung der Geschäftsbeziehungen zwischen A. Mann und der Rhederei. Die Rhederei trat jetzt zum Hall. Sp. V. in rege Beziehungen, die bis heute dauern und derartig geregelt sind, daß die Rhederei den Umschlag ihrer Talgüter selbst besorgt, während der Hall. Sp. V. die bergwärts kommenden Umschlagsgüter bearbeitet. Man hatte geglaubt, A. Mann werde sich nach der Trennung von der Rhederei nicht genügend Kahnraum für seine übernommenen Schiffsspeditionen verschaffen können. Das war aber ein Irrtum. Die Firma sicherte sich vielmehr eigene Kähne und verfügte bald auch über den Kahnraum solcher Schiffer, die der Rhederei den Rücken wandten, um mit A. Mann weiter zu arbeiten. Außerdem wagte die Firma 1901 den kühnen Schritt, Güterdampfer für den Eilverkehr mit Hamburg zu bauen; ein Unterfangen, das von fast allen mit der Saaleschiffahrt in Verbindung stehenden Kreisen mit größtem Mißtrauen und Zweifel betrachtet wurde. Die Dampfer schlugen zum Vorteil der Unternehmer und des Saaleverkehrs ein. Sie zogen bedeutende Stückgutmengen auf die Saale und waren, was Schnelligkeit betrifft, dem mit Eilkähnen aufgenommenen Stückgutdienst der Rhederei überlegen, die ihrerseits alles aufbot, nicht zu sehr bei Seite geschoben zu werden. So entbrannte ein heftiger Wettkampf zwischen der Firma A. Mann, die ihren Betrieb 1906 durch Pachtung des fiskalischen Sophienhafens vergrößerte (Schiff Nr. 1391, S. 380, 1906), und den zu ihr haltenden Schiffern einerseits, der Rhederei zusammen mit dem Hall. Sp. V. andererseits. Um dem Vorteil, den die Güterdampfer boten, nicht zu erliegen, pachtete die Rhederei zunächst Güterdampfer und begann schließlich 1907 mit dem Bau eigner Dampfer, sodaß sich beide Gruppen ziemlich gleichgerüstet gegenüber standen. Der Firma A. Mann traten andererseits mit der Zeit immer mehr Schiffer näher, z. T. aus den Kreisen der Rhederei; die Mitgliederzahl der Rhederei dagegen blieb im großen und ganzen seit 1906 gleich. Auf Veranlassung von A. Mann schlossen sich die ihm Kahnraum zur Verfügung stellenden Schiffer 1906 zu einem Verein auf Gegenseitigkeit zusammen, dem sogenannten Germania-Verband mit dem Sitz in Nienburg.

Zwischen diese beiden Parteien schob sich 1907 eine dritte. Im Jahre 1903 hatten sich die „Dampfschiffahrts-Gesellschaft Vereinigte Elbe- und Saaleschiffer", die „Kette, Deutsche Schleppschiffahrtsgesellschaft" und die österreichische „Nord-West Dampfschifffahrts-Gesellschaft" zu den „Vereinigten Elbschiffahrtsgesellschaften, A.-G." (V. E. G.) zusammenschlossen (Pleissner, S. 100 ff.). Dabei waren auch die Kettenschiffahrtseinrichtungen auf der Saale auf die neue Gesellschaft übergegangen, die den Betrieb auch weiter führte. In dem Konkurrenzkampf zwischen der Rhederei und A. Mann hatten jedoch beide Teile in dem Bestreben, die Selbstkosten möglichst niedrig zu halten, Schleppkräfte auf die Saale gezogen, die billiger arbeiteten als die Kettendampfer. Die V. E. G., denen die ehedem zu schleppenden Stückgutkähne durch die Einstellung der Güterdampfer schon entzogen waren, wollten sich diesmal nicht ohne weiteres aus einem bedeutenden Teil ihres Schleppgeschäfts verdrängen lassen und versuchten, den Einnahmeausfall auf andere Weise auszugleichen. Sie glaubten das am besten durch die Aufnahme des Güterverkehrs neben dem Schleppgeschäft tun zu können. Aus diesem Grunde erfolgte 1907 die Gründung eines besonderen Frachtkontors der V. E. G. in Halle, die sich als drittes Güterverfrachtungsunternehmen neben die beiden anderen gesellten.

Endlich ist eine vierte, 1911 neu errichtete Firma zu nennen, die O. H. Schütze und Henkel, die einen regelmäßigen Eildampferverkehr mit Berlin unterhält, einen Dienst, den A. Mann schon 1910 mit Eilkähnen eröffnet hatte.

Eine mehr formale Änderung brachte noch das Jahr 1913. Da veräußerte A. Mann den größten Teil seiner Schiffahrtsabteilung. Der Mittelelbische Speditions-Verein übernahm den Güterumschlag der Firma in der Richtung Hamburg-Halle. Der Eildampfer- und Frachtbetrieb für die Strecke Saale-Hamburg und umgekehrt ging an eine mit dem Mittelelb. Sp. V. befreundete Hamburger Speditionsfirma über, welche die Mann'schen Eildampfer kaufte und die Hamburg-Hallesche Dampfschiffahrts-Ges. gründete. Die Firma A. Mann behielt nur den inzwischen auf Stettin ausgedehnten Eilkahnverkehr Saale-Berlin. Das zwischen ihr und dem Germaniaverband bestehende Vertragsverhältnis (S. 32) wurde auf die H. H. D. G. übertragen, die in Halle durch den Mittelelb. Sp. V. vertreten wird. Wir finden demnach gegenwärtig (das heißt vor Kriegsausbruch) an der Saale neben den wilden Schiffern folgende fünf Interessengruppen:

Die Rhederei in Anlehnung an den Hall. Sp. V.[15]),
Die H.H. D. G. „ „ „ „ „ Mittelelb. Sp. V.
in Verbindung mit dem Germaniaverband,
Die V. E. G. mit Schlepp- und Güterverkehr,
Die Firma A. Mann für den Berlin-Stettiner Verkehr,
Die Firma Schütze & Henkel f. d. Berlin-Stettiner Verkehr*.

15. Deren Geschichte s. Reinus, S. 292. — J. B. 1905—1914. — Jährl. Mitteilungen über Gesch., Verkehr, Umschlag usw. J. B. der H. K. Halle 1901—1913.

*) Die Firma ist nach Abschluß der Arbeit aufgelöst. (Zeitschr. für Binnenschiffahrt XXIII. Jahrg. 1916, H. 15/16, S. 133.)

Die wilden Schiffer, die selbständig ohne Bindung in einer Genossenschaft oder einem Verbande ihrem Gewerbe nachgehen, stellen stillschweigend ohne vertragliche Übereinkunft ihren Kahnraum in Halle den V. E. G. und den Firmen A. Mann und Schütze & Henkel zur Verfügung, wenn sie es nicht vorziehen, am offenen Markt Ladung zu suchen. Den Binnenverkehr auf der Strecke Unstrut-Saale-Weißenfels besorgen etwa 15 wilde Unstrutschiffer, die mit ihrer ziemlich festen Kundschaft in Verbindung stehen.

Eine besondere Stellung nehmen die Unternehmungen ein, die für den eigenen Betrieb Privatkähne besitzen. Es handelt sich dabei an der Saale und Unstrut um eine Papierfabrik, ein Zementwerk, einige Steinbrüche und Rohzuckerfabriken, die sich auf diesem Wege ganz oder teilweise von der gewerbsmäßigen Schiffahrt unabhängig gemacht haben. Da es sich hier nur um Ausnahmen handelt, die auf den allgemeinen Verkehr ohne merklichen Einfluß sind, so bedarf diese Form des Schiffahrtsbetriebes keiner weiteren Besprechung.

2. Es ist nicht einfach, den kleingewerblichen Schiffahrtsbetrieben in ihren besonderen Verhältnissen nachzugehen. Die Ergebnisse der vom Kaiserlichen Statist. Amt alle 5 Jahre vorgenommenen Bestandsaufnahmen der deutschen Binnenschiffe sind für diese Arbeit nicht zu verwerten. Die Statistik gibt bis 1902 die Zahlen der Kähne für die ganze Saale und die Unstrut getrennt an; für die Jahre 1907 und 1912 finden sich nur Angaben für die Saale zusammen mit der Unstrut auf preußischem Gebiet und für die Saale in Anhalt. Um die genaue Zahl der für die eigentliche Saaleschiffahrt in Betracht kommenden, d. h. der unterhalb der Halleschen Schleuse beheimateten Fahrzeuge festzustellen, müßte bis 1902 die Zahl der oberhalb dieser Schleuse bis zur Unstrutmündung gezählten bekannt sein und von der Gesamtsumme abgezogen werden. Bei den Erhebungen nach 1902 müßte nach Hinzurechnung der für die anhaltische Strecke angegebenen Summe die Zahl der an der oberen Saale und Unstrut beheimateten

Kähne abgezogen werden. Diese Teilzahlen waren nicht zugänglich. Auch das den Zählungen zu Grunde liegende Urmaterial war nicht überall einzusehen. Zu einem für die Zwecke dieser Arbeit brauchbaren Ergebnis führt dagegen der Weg über die Schiffsregister. Wenn die Eintragung auch nicht obligatorisch ist, so darf doch angenommen werden, daß so ziemlich jeder Schiffseigner sein Schiff eintragen läßt. Bei Schiffsregistern, für welche Stichproben möglich waren, ergab sich durch Vergleich mit Angaben des Kgl. Wasserbauamts zu Halle annähernde Uebereinstimmung. Man darf deshalb für die Saale von Halle bis zur Mündung die Schiffsregister heranziehen mit der Einschränkung, daß Abweichungen von der Wirklichkeit zwar wahrscheinlich sind, sich aber in engen Grenzen halten. Bei Nichtberücksichtung der Fahrzeuge unter 150 t Tragfähigkeit und unter Abzug von 5 % von der verbleibenden Zahl für Schiffe, die inzwischen ohne Vermerk im Register zerschlagen oder verkauft sind, oder sich im Besitz von Schifffahrtsfirmen, Steinbrüchen u. s. w. befinden, wird sich ein brauchbares Bild für die Zwecke der Arbeit ergeben. Mit diesen Einkränkungen werden wir rund 370[16]) selbständige

16. Im Schiffsregister sind eingetragen am 1. Oktober 1915:

Amtsgericht	Zahl der Kähne	Darunter Kähne unt.r 150 t Tragfähigkeit	Heimatsort der Kähne	Von den Kähnen fahren nur auf der Elbe	Auf der Saale fahren nach Abzug de Elbk. und der Kähne unter 150 t
Halle	23	5	21 Halle, 2 Lettin	—	18
Wettin	56	3	53 Wettin	—	53
Gerbstedt	5	2	3 Friedeburg, 2 Brucke	—	3
Könnern	6	—	5 Trebnitz, 1 Muckrena	—	6
Alsleben	122	—	67 Alsleben, 22 Muckrena, 20 Nelben, 9 Beesenlaublingen, 4 Gnölbzig	6	116
Bernburg	179	6	169 Nienburg, 10 Bernburg	4	169
Kalbe	5	—	4 Kalbe, 1 Kl. Rosenburg.	2	3
Barby	52	3	33 Gr. Rosenburg, 14 Rosenburg, 4 Werkleitz, 1 Nienburg.	26	23
zusammen	448	19		38	391

Fahrzeuge annehmen können. Das bedeutet aber die gleiche Zahl von Schiffseignern; denn daß sich zwei oder mehr Kähne in der Hand eines Schiffers befinden, kommt so gut wie nicht vor. Von diesen 370 Schiffseignern gehören rund 130 zur Rhederei und rund 80 zum Germaniaverband, sodaß 160 sogenannte wilde Schiffer übrig bleiben. Da von den wilden Schiffern verschiedene dauernd auf anderen Gewässern fahren und nur selten, manchmal ein ganzes Jahr lang nicht, auf die Saale kommen, so berechtigen die Zahlen zu dem Schlusse, daß ein Drittel der Schiffer frei fährt, während zwei Drittel wirtschaftlich organisert sind.

Aus welchen Gründen ist dieses eine Drittel „wild" geblieben und hat sich keiner genossenschaftlichen Organisation angeschlossen? Ein Teil der wilden Schiffer glaubt, er stehe sich wirtschaftlich mindestens ebensogut oder besser als der wirtschaftlich organisierte. Der wilde Schiffer wird im allgemeinen als der spekulativere bezeichnet, der nach dem Grundsatz handelt: wer wagt, gewinnt. Während der Germania- und Rhedereischiffer ziemlich regelmäßig zwischen der Saale und Hamburg fährt, geht der wilde Schiffer häufig weiter. Nehmen wir einen Schiffer mit einem modernen Saalekahn. Er fährt z. B. mit Sand oder Soda nach dem Osten, sucht die obere Oder auf und schwimmt mit Kohlen nach Berlin oder Hamburg, um gelegentlich an die Saale zurückzukehren. Geht unterwegs mit dem Wasser alles glatt, dann hat er hierbei unter Umständen schon das oder einen Teil dessen verdient, was ein organisierter Schiffer durchschnittlich im ganzen Jahre erarbeitet. Bei den wilden Schiffern, die nur offene oder finowmäßige Kähne haben, liegt das Verhältnis wegen des geringeren Laderaums nicht so günstig; auch Besitzer dieser Kähne können aber in normalen Zeiten auf ziemlich regelmäßige und sichere Beschäftigung in bestimmter Richtung rechnen: sie bringen Steine aller Art, Sand, Ton und anderes mehr nach Orten an den märkischen Wasserstraßen, an der Oder oder weiter östlich und kommen von dort vielfach mit Holz beladen zurück, meist mit polnischer Kiefer.

Daneben sprechen andere Gründe für die Selbständigkeit. So häufig eine zwar nicht vertraglich aber tatsächlich bestehende Geschäftsverbindung, die dem Schiffer fortgesetzt Ladung sichert. Außerdem werden Schiffer, die einen Holzkahn besitzen, von den genossenschaftlichen Organisationen gewöhnlich nur aufgenommen, wenn der Kahn nach den Bedingungen der Transportversicherung erstklassig ist.

Auch die Eigenart der Transportgüter spielt hier eine beträchtliche Rolle. Der Menge nach bilden Massengüter den größten Teil des Talverkehrs. Diese Massengüter stammen von bestimmten den Schiffern bekannten Versendern, die regelmäßig mit dem Schiffer unmittelbar oder durch den am nächsten wohnenden Prokureur zu verhandeln pflegen. Die Frachtverhältnisse und die Transportmöglichkeiten, also der Frachtenmarkt, sind hier dem Schiffer bekannt. Der Frachtabschluß spielt sich in denkbar einfachsten Formen ab. Die Güter kommen außerdem in ganzen Kahnladungen zum Versand; der Schiffer braucht also nicht auf mehrere Versender Rücksicht zu nehmen, und, was besonders wichtig ist, nicht erst verschiedene Versender zu suchen. Dagegen kann er sich nicht auf Stückgutladungen einlassen; es trifft sich zu selten, daß auch nur zwei Versender zur selben Zeit und nach demselben Ort eine Gütermenge verschiffen wollen, die zusammen gerade der mit dem Wasserstand stets schwankenden Ladefähigkeit des einen Kahnes entspricht.

Einen starken Rückhalt finden die wilden Schiffer auch an den Deutschen Solvay-Werken in Bernburg, die fast ausschließlich mit wilden Schiffern arbeiten und nach den J. B. der H. K. zu Dessau versandt haben:

(Siehe Tabelle S. 27.)

Jahr	in t	Jahr	in t
1905	28 000	1910	36 200
1906	25 000	1911	22 800
1907	20 000	1912	39 800
1908	25 000	1913	47 100
1909	30 000		

Die Deutschen Solvay - Werke ziehen Rhederei- oder Germaniaschiffer nur heran, wenn die wilden Schiffer nicht genügend Kahnraum zur Verfügung stellen.

Die Tatsache, daß der wilde Schiffer in Zeiten flotten Verkehrs regelmäßig Ladung findet, schließt verschiedene Nachteile dem genossenschaftlich organisierten Schiffer gegenüber nicht aus. Der wirtschaftlich organisierte Schiffer ist in seiner Genossenschaft oder in seinem Germaniaverband derart gebunden, daß er Teil eines Ganzen wird, das nach außen als Großunternehmen auftritt. Der Unterschied zwischen wirtschaftlich organisierten nnd wilden Schiffern führt hier auf den Unterschied zwischen Großbetrieb und Kleinbetrieb zurück. Der wilde Schiffer kann nicht wie jener auf die Beladung seines Kahnes in bestimmter Reihenfolge rechnen; er muß darauf gefaßt sein, bei großem Kahnraumangebot wochenlang still zu liegen, während der Genossenschaftsschiffer doch gelegentlich, wenn auch nicht voll beladen, auf die Reise gehen kann. Der wilde Schiffer ist bei der Frachtgewinnung dem Belieben seiner Gegenpartei mehr ausgeliefert, als der durch die Geschäftsleitung seiner Genossenschaft mit dem Versender unterhandelnde organisierte Schiffer. Der „Wilde" muß in den meisten Fällen mit der gebotenen Fracht zufrieden sein; das Rhedereikontor wird zu niedrige Angebote als unangemessen ablehnen. Das zeigt sich besonders auf der Suche nach Bergfracht in Hamburg. Hierbei muß der Kahn, der talwärts von der Welle sich hat tragen lassen, geschleppt werden, und der Einzelschiffer steht daher den großen Schleppdampfer-Unternehmungen, nicht nur den Verfrachtern, als Nachfrager gegenüber. In bezug auf Kenntnis der Schleppfrachtlage und Widerstandskraft ist er aber in der Regel dem Großbetriebe unterlegen. Er sucht nun Fracht durch den Prokureur, der seine Zwangslage kennt und ausnutzt; dieser weiß genau, daß der Schiffer ohne ihn keine oder nur schwer Fracht findet und froh sein muß, überhaupt ohne große Unkosten elbaufwärts zu kommen. Was der Prokureur, der Spediteur oder die Schiffahrtsgesellschaft bieten, muß dem Schiffer genügen.

Der wilde Schiffer ist ferner vom Transport jener Güter ausgeschlossen, die eine gleichmäßige Frachtgestaltung und eine ganz regelmäßige Darbietung an Beförderungsgelegenheit erfordern; denn diesen Forderungen ist er nicht gewachsen. Wohl kann eine Gesellschaft oder Genossenschaft feste Kontrakte abschließen, wonach für längere Zeiträume zu vereinbarten Frachtsätzen, allerdings mit Bewilligung sogenannter Niedrigwasserzuschläge, und zu festen Terminen bestimmte Gütermengen zu befördern sind. Der wilde Schiffer dagegen vermag nur seinen Kahn für längere Zeit im Ganzen zu vermieten; feste Frachten kann er im Voraus nur erstellen, wenn sie so hoch sind, daß ihm selbst bei schlechtesten Wasserverhältnissen noch ein Verdienst bleibt; und darauf läßt sich in der Regel der Versender nicht ein. Vor allem ist es dem wilden Schiffer aber nicht möglich, sich auf die Einhaltung bestimmter Fahrzeiten festzulegen; er kann nie wissen, welche Dauer tatsächlich die einzelne Fahrt beansprucht, wann er also zur Übernahme einer neuen Fracht zurück sein wird, er hätte dann entweder beträchtliche Zwischenräume frei zu lassen oder aber durch Anmieten eines andern Schiffers Ersatz zu stellen, wo die Genossenschaft gleich jedem andern Großunternehmen aus ihrem reichen Schiffsmaterial jederzeit Kahnraum zur Verfügung hat. So ist der Einzelschiffer auf die Tagesfrachten angewiesen und dem in manchen Zeiten von Tag zu Tag mit größeren Veränderungen rechnenden Markt preisgegeben. —

3. Den wirtschaftlich selbständigen „wilden" Schiffern stehen die Schiffer gegenüber, die im Zusammenschluß eine bessere Förderung ihrer wirtschaftlichen Interessen zu finden glauben. Diesen korporativen Zusammenschluß der Saaleschiffer haben wir in der Rhederei und dem Germaniaverband oben bereits kennen gelernt.

Die 1912 in eine Aktiengesellschaft umgewandelte Rhederei [17]) war bis dahin eine eingetragene Genossenschaft m. b. H. Zweck des Unternehmens ist, „auf der Saale, Elbe und deren Nebenflüssen Güter aller Art zu befördern". Der Hauptsitz der Gesellschaft ist in Halle, eine Zweigniederlassung befindet sich in Hamburg. Das Aktienkapital beläuft sich auf 235,000 M.; die bis 1912 eingezahlten Genossenschaftsanteile schwankten um rund 50,000 M. Genossen waren Schiffseigner, die an der Saale wohnten. Die Umwandlung in eine Aktiengesellschaft erfolgte, weil für Dampferneubauten Geld beschafft werden mußte, das die Mitgliedsschiffer durch Uebernahme weiterer Genossenschaftsanteile nicht aufbringen konnten; bei der Umwandlung ist daher ein Teil des Kapitals in andere als Schifferkreise gekommen, während die früheren Genossen mindestens je eine Aktie als Fortsetzung ihres Genossenschaftsanteils übernommen haben.

Die Gesellschaft betreibt im eigenen Namen und auf eigene Rechnung den Eilgüterverkehr Hamburg-Halle mit vier erstklassigen eigenen Güterdampfern. Daneben werden Frachtgeschäfte jeder Art abgeschlossen, die von den Mitgliedern ausgeführt werden, und zwar steht im allgemeinen der gesamte Kahnraum der Schiffer-Aktionäre allein der Gesellschaft zur Beladung mit Gütern aller Art zur Ver-

17. Über die Rhederei vergl. Reinus, S. 291. — Gesch. Ber. 1900—1914. — Mitteil. aus den Gesch. Ber. werden veröffentlicht in den J. B. der H. K. Halle; dort s. auch Einzelheiten über innere Entwicklung der Gesellschaft, Schiffahrtsdienst usw.

fügung. Ausnahmen sind nur zulässig im Talgeschäft, wenn das Mitglied Soda von den Solvay-Werken in Bernburg oder Sand, Steine, Ton laden will; im Berggeschäft nach anderen als Saalestationen. In jedem Fall ist die Erlaubnis der Verwaltung einzuholen bei Vermeidung einer Strafe von 500 M.

Als Fracht für die von der Gesellschaft übernommenen Ladungen kommen berg- und talwärts die jeweiligen Tagesfrachten in Anrechnung, die bestmöglichst zu erzielen sind. Hiervon hat das Mitglied bei Talladungen eine Provision zu zahlen, und zwar bei Frachtbeträgen bis 600 M. 4%, von 600-800 M. 6% für den 600 M. übersteigenden Betrag, über 800 M. 7½% für den 800 M. übersteigenden Betrag der reinen Fracht. Für Bergladungen nach der Saale ist keine Provision zu zahlen, solange es runde Fracht und frei Schleppen (sogenannte Anteilfracht) gibt, was bei Stückgutladungen immer der Fall ist; bei Ladungen nach Elbe-, Oder- oder sonstigen Stationen beträgt die Provision 5% von der reinen Schiffsfracht.

Die Zahl der Mitglieder und damit der zur Verfügung stehenden Kähne schwankt seit 1907 um rund 130. Der Schiffs- und Güterverkehr hat dauernd zugenommen, wie die folgende Tabelle erkennen läßt:

Es wurden befördert nach und von Saalestationen:

Jahr	Richtung	Kähne		Dampfer		Zusammen	
		Zahl der Abfertigungen	Beförderte Gütermenge in t	Zahl der Abfertigungen	Beförderte Gütermenge in t	Zahl der Abfertigungen	Beförderte Gütermenge in t
1908	Bergv.					340	68 538
	Talv.					262	56 745
1909	Bergv.					334	67 370
	Talv.					270	55 245
1910	Bergv.					380	80 642
	Talv.					257	59 482
1911	Bergv.	222	41 513	71	15 321	293	56 834
	Talv.	207	45 350	67	9 901	274	55 252
1912	Bergv.	286	56 970	88	16 056	374	73 026
	Talv.	201	49 457	86	15 142	287	64 599
1913	Bergv.	302	62 845	73	14 294	375	77 139
	Talv.	241	60 070	69	13 743	310	73 813

Die Rhederei hat, von den ersten Jahren des Sturmes und des Dranges abgesehen, gut gearbeitet und war, bis auf einige schlechte Jahre, stets in der Lage, auf die Genossenschaftsanteile und die Aktien schöne Gewinne auszuschütten, die durchschnittlich zwischen 5 und 10% lagen. Viel höher als diese Ueberschüsse ist aber die den Mitgliedern gewährte Sicherheit auf Ladungen zu den bestmöglichen Tagesfrachten einzustellen. Gewiß muß das einzelne Mitglied zu Zeiten geringen Angebots oder anhaltend guten Wassers gelegentlich 2 oder 3 Wochen auf Ladung warten, wenn es eine Ladung mit gutem Nutzen fahren will. In solchen Zeiten werden Mitgliedern aber niemals Schwierigkeiten gemacht beim Abschluß einer Ladung Sand, Ton, Steine oder Soda ohne Vermittlung der Gesellschaft.

Ueber die Entwicklung der Rhederei geben folgende Zahlen Aufschluß, die den J. B. des Unternehmens entnommen sind:

Jahr	Zahl der Mitglieder	Eingezahltes Anteils-Kapital d. Genossensch. u. Grund-Kapital d. A. G.	Netto-Gewinn	Netto-Verlust	Gezahlte Div.
1900	140	53 150	16 711	—	10 %
1901	145	60 305	19 970	—	—
1902	178	40 405	3 176	—	5 %
1903	172	36 705	—	364	—
1904	155	35 389	—	10 535	—
1905	152	37 965	3 784	—	5 %
1906	161*	61 125	11 503	—	6 %
1907	128*	53 850	31 202	—	15 %
1908	131	51 850	20 831	—	10 %
1909	133	52 500	13 259	—	10 %
1910	132	55 050	16 392	—	20 %
1911	129	53 750	—	10 539	—
1912	137	55 450	7 436	—	8 %
1913	—	235 000	21 792	—	6 %

* Gründung des Germaniaverbandes (s. u.)

Entsprechende Vorteile wie die Rhederei sucht der 1906 von der Firma A. Mann ins Leben gerufene „Schiffseignerverband Germania (Rechtsfähiger Verein) in Nienburg a. d. S.“ [18]) zu bieten. Er bezweckt: „a) den Mitgliedern des Vereins Frachten für ihre Kähne durch Abschluß von Verträgen mit einer Anzahl Firmen zu verschaffen; b) durch eine geordnete Verteilung der vorhandenen Frachten unter die Vereinsmitglieder relativ eine möglichst gleichmäßige Berücksichtigung der einzelnen Mitglieder herbeizuführen und ein gegenseitiges Unterbieten unter den Mitgliedern damit auszuschließen“ (§ 1 der Satzung). Durch die von dem Verein mit bestimmten Firmen zu schließenden Verträge sollen diese verpflichtet werden, den Vereinsmitgliedern Güter zur Verfrachtung zu beschaffen. Die Mitglieder sind dagegen verpflichtet, nur Güter der Firmen zu laden, mit denen Verträge geschlossen sind. Alle Güterarten von und nach der Saale dürfen nur durch die gemeinsamen Meldestellen jener Firmen zur Verfrachtung übernommen werden; ausgenommen sind Steine, Ton, Sand, Getreide und Talladungen der Solvaywerke. Der 1906 gegründete Verein stand bis Ende 1913 mit A. Mann in Verbindung und schloß sich dann der H. H. D. G. an, die den Hamburger Eilverkehr von A. Mann übernahm. In die Verbandskasse fließt $^1/_5$ der von den Mitgliedern für die Frachtvermittlung an die H. H. D. G. in Hamburg und Halle zu zahlende Provision. Der Verein zählt seit 1912 etwa 80 Mitglieder, die größtenteils in Nienburg beheimatet sind. Die wirtschaftliche Lage der dem Verband angeschlossenen Mitglieder ist wie bei der Rhederei eine mindestens befriedigende.

Neben den Unternehmungsformen, in denen der wilde Schiffer und der Verbandsschiffer auftreten, stehen einige großgewerbliche selbständige Privatunternehmungen. Es sind das die O. H. Schütze und Henkel (vergl. S. 22), die seit 1911

---

18) Vergl. Satzungen des Verbandes vom 25. 1. 1912.

mit vorläufig zwei eigenen Güterdampfern den Berliner Eilverkehr pflegt und sonstige Frachtgeschäfte aller Art durch Annahme oder Beschäftigung wilder Schiffer übernimmt und vermittelt. Die Firma hatte 1914 ungefähr 40 wilde Schiffer an der Hand. Ferner die gleichzeitig Spedition und Lagergeschäfte betreibende Firma A. Mann [19]), die von 1897—1913 den Schiffahrtsverkehr von der Saale nach allen Stationen und umgekehrt mit 4 eigenen Güterdampfern und 4 eigenen Kähnen betrieb, seitdem nur den Berlin-Stettiner Verkehr mit Eilkähnen unterhält; den Hamburger Verkehr hat sie an die H. H. D. G. abgetreten, während ihr Hamburger Umschlagsbetrieb vom Mittelelb. Sp. V. fortgeführt wurde. Endlich sind die V. E. G. [20]) seit 1907 vertreten zur Pflege der Kettenschleppschiffahrt und des Güterverkehrs in Stückgütern und Kahnladungen mit eigenen und angenommenen Kähnen.

Abgesehen von den wilden Schiffern tritt also das Saaleschiffahrtsgewerbe nach außen nur in wenigen Einheiten auf. Das kommt der Abwicklung des Verkehrs sehr zu statten. Der Versender arbeitet mit einer beschränkten Zahl selbständiger Unternehmungen; neben der O.H. Schütze und Henkel, A.Mann und den V. E. G. nämlich mit der Rhederei, nicht mit einem der ihr angeschlossenen 130 Schiffseigner, und mit der H. H D. G., nicht mit den einzelnen Germaniaschiffern. Versender und Schiffahrtsfirma kennen sich und verkehren in gegenseitigem Vertrauen miteinander; regelmäßige Geschäftsverbindungen entwickeln sich. Der Versender weiß außerdem, ihm steht Kahnraum je nach Bedarf zu Verfügung. Regelmäßige Geschäftsverbindung, langfristige Kontrakte und feste Frachtvereinbarungen für längere Zeit sind daher auf der Saale nichts seltenes. Kein Zweifel, daß viele große und regelmäßig die Saale benutzende Ver-

19. Geschichte der Firma s. „Halle in der Gegenwart" S. 289—291. Betr. Geschäftsgang vergl. J. B. der H. K. Halle 1903—1913.

20. Geschichte der V. E. G. s. Pleißner S. 100 ff., 122 ff. S. ferner Schanz, Kettenschleppschiffahrt S. 16—19.

sender der Wasserstraße ohne diese Vorzüge den Rücken kehren würden.

Die besonders am Rhein, an der Elbe und den märkischen Wasserstraßen zu beobachtende fortschreitende Konzentrationsbewegung im Schiffahrtsgewerbe in der Form der Bildung von Interessengemeinschaften und Fusionen der miteinander in Wettbewerb stehenden Wirtschaftseinheiten läßt sich an der Saale längst nicht in gleichem Maße feststellen: die größeren Schiffahrtsfirmen stehen sich vorläufig ebenso unabhängig gegenüber wie die wilden Schiffer. Zwar werden gelegentlich über gewisse Teilfragen mündliche Abreden getroffen; verbindliche und die Beteiligten tiefer berührende gegenseitige Abmachungen in bezug auf gemeinsame Bearbeitung des Frachtmarktes fehlen jedoch bisher. Alle Versuche, für die Behandlung der Frachtsätze ein einheitliches Vorgehen zu erzielen, haben bisher zu einem praktischen Ergebnis nicht geführt, die Rhederei, die H. H. D. G. und die V. E. G. stehen sich auf dem offenen Markt gegenüber; daneben kämpfen A. Mann und die O. H. Schütze & Henkel erbittert um den Berlin-Stettiner Verkehr. Wiederum zum Vorteil des Verkehrs; ob sich namentlich der Stückgüterverkehr ohne den Stachel gegenseitiger starker Konkurrenz in dem Masse entwickelt hätte, wie es der Fall gewesen ist, darf sehr stark bezweifelt werden. —

4. Bei der Beurteilung der wirtschaftlichen Lage des Schiffahrtsgewerbes sind die verschiedenen Unternehmungsformen zu trennen.

Ohne Mitteilungen über die Wirtschaftlichkeit des Schiffahrtsbetriebes der beiden Firmen A. Mann und Schütze & Henkel machen zu können, darf festgestellt werden, daß vorläufig die Unternehmungsformen der Einzelfirma und der Offenen Handelsgesellschaft im Saaleverkehr ihre Daseinsberechtigung nicht verloren haben, sofern sie sich für den Massenguttransport ohne eigenen Kahnraum behelfen, der ihnen vielmehr von den Einzelschiffern zur Verfügung gestellt wird, und sofern sie nur den Eilgutdienst und gelegentlich einen kleinen Teil des Stückgutdienstes mit eigenen Kähnen und Dampfern besorgen. Die Zahl dieser Eildampfer und der Eilgutkähne kann einstweilen bei dem verhältnismäßig geringen Gesamtverkehr bei jeder einzelnen Unternehmung nur klein sein, und dafür reicht die Kapitalkraft solcher Firmen leicht aus. Kommt es aber infolge der Eröffnung des Berlin-Stettiner Großschiffahrtsweges zu einer erheblichen Ausweitung des Halle-Stettiner Verkehrs, und wird gar der schon geplante Kanal von der Saale nach Leipzig, sowie ein Anschlußkanal von Bernburg an das doch wohl nicht abzuweisende Schlußstück des Mittellandkanals erbaut, dann werden die Ansprüche an den Kahn- und Dampferbesitz voraussichtlich so steigen, daß die Einzelfirma und Offene Handelsgesellschaft kaum noch genügen. Sie werden sich auf die Pflege von Spezialverkehren beschränken und den eigentlichen Kapitalgesellschaften, namentlich den Aktiengesellschaften, das Feld im allgemeinen räumen müssen.

Als A. G. treffen wir jetzt an der Saale die V. E. G. und die Rhederei. Jene dürften sogar mit eigenen Kähnen Erfolg haben, da ihnen bei ihrer großen Ausdehnung, die sie auf der Elbe haben, immer genügende und geeignete Betriebsmittel zur Verfügung stehen; außerdem hat die Kettenschleppschiffahrt auf der Saale bei hohen Schlepplöhnen und gegenüber freifahrenden Schraubenschleppdampfern — Raddampfer kommen bei ihrer Breite der Schleusen wegen nicht in Betracht — relativ niedrigeren Betriebskosten ziemlich regelmäßig zufriedenstellende Erträge abgeworfen. Ebenso hat die Rhederei, wie auf Seite 31 gezeigt ist, bis 1913 als Genossenschaft, seitdem als A. G., befriedigend gearbeitet; ihre ansehnlichen Gewinne stammen in erster Linie aus dem gut entwickelten Eildienst Saale-Hamburg. Die H. H. D. G., die als Gesellschaft m. b. H. nicht in ihren Erträgnissen beobachtet werden kann, arbeitet vermutlich mit dem gleichen guten Erfolge wie die Rhederei. Beider Entwicklung hängt sehr von den Eigenschaften und Fähigkeiten der leitenden Persönlichkeiten ab, da mit Kapitalmangel nicht zu rechnen ist.

Diesen Großbetrieben gegenüber, bei denen der Schleppdienst und das Stückgutgeschäft die Unterlagen des ganzen Arbeitens bilden, stützen sich die Einzelschiffer ganz überwiegend auf den Massengütertransport. Über ihre wirtschaftliche Lage ein allgemeingültiges Urteil zu fällen, ist aber nicht angängig. Zuviele Momente sind dabei zu beachten, von denen bald das eine, bald das andere den Ausschlag gibt. Es sind das Momente sachlicher, persönlicher und rein zufälliger Art.

Sachlich ist von Bedeutung die Vermögenslage des Schiffers. Wir finden an der Saale alt eingesessene Schifferfamilien, z. B. in Wettin, Alsleben und Nienburg, deren Vorfahren schon im 16. und 17. Jahrhundert das Schifferhandwerk betrieben haben. Da hat sich der Beruf vom Vater auf den Sohn vererbt; Vater und Sohn fuhren den Kahn; es wurde verdient und zurückgelegt. So gibt es verschiedene besonders im Laufe des 19. Jahrhunderts zu Ansehen und Wohlstand, ja teilweise zu Reichtum gekommene Schifferfamilien, die dem Schifferberuf treu blieben. Sie haben den lastenfreien Kahn, ein eigenes Haus mit Acker und Vieh und daneben ein größeres Kapital-Vermögen. Selbst mehrere aufeinanderfolgende schlechte Schiffahrtsjahre können solchen Familen nichts anhaben; Verluste können aus dem Barvermögen gedeckt werden.

Aber Reichtum ist nicht die Regel, allerhöchstens ein bescheidener Wohlstand, der in einem nicht zu hoch belasteten oder auch lastenfreien Kahn, einem bescheidenen Anwesen mit etwas eigenem oder Pachtacker und einem kleinen Kapital von einigen tausend Mark bestehen mag. Hier muß der Schiffseigner schon sehr auf dem Posten sein, um verlustreiche Jahre ohne nachhaltige Folgen zu überstehen; wenn solche Jahre seine Existens auch nicht untergraben, so schwächen sie ihn doch nachhaltig.

Endlich gibt es eine dritte Gruppe von Schiffern, die sich von der zweiten ebensowenig scharf scheiden läßt, wie die zweite von der ersten. Sie besitzen einen mehr oder minder hoch belasteten Kahn, selten ein eigenes Grundstück, gewöhnlich etwas Pachtacker und ein Sparkassenbuch mit einigen hundert Mark für den Notfall. Diese Schiffer haben schwer zu kämpfen. Die Hypothekenzinsen und Tilgungsgelder wollen bezahlt sein, die Besatzung verlangt Lohn; daneben muß mindestens genug für Nahrung und Kleidung der Familie übrig bleiben. Um das herauszuwirtschaften, darf der Kahn nicht still liegen, er muß arbeiten. Kommen hier schlechte Zeiten, so steht der Schiffer bald dem Nichts gegenüber, wenn sich nicht gute Freunde oder Verwandte finden, die nochmals mit 500, 1000 oder mehr Mark aushelfen, damit der Schiffer nicht etwa gewerbsmäßigen Gelddarleihern in die Hände fällt, denen am eigenen Gewinn mehr liegt als am Gedeihen des Schiffers. Die Schiffsregister an der Saale legen ein beredtes Zeugnis von diesen Geldverlegenheiten ab, die sich in den letzten Jahren gehäuft zu haben scheinen. Rund die Hälfte aller Schiffe ist in den Schiffsregistern Wettin, Alsleben und Bernburg (für Nienburg) in den letzten Jahren mit kleineren Posten zwischen etwa 500 und 4000 M. belastet, die auf solche Konjunkturverluste zurückzuführen sind.

Ferner spielt die Persönlichkeit des Schiffers eine Rolle. Der Schiffer, dem das Frachtgeschäft genau vertraut ist, der mit Konnossement, Ladeschein und Wechsel Bescheid weiß, der die Fracht- und Marktberichte in den Zeitungen verfolgt und zu verfolgen im Stande ist, ist dem solchen Bildungselementen gleichgültig gegenüberstehenden Schiffer natürlich überlegen. Das weiß der Schiffer auch recht gut, und er benutzt alle Gelegenheiten, Kenntnisse zu erwerben. Ein gutes Zeugnis dafür legt der Eifer der gewöhnlich im

Alter von 17—25 Jahren die Schifferschulen[21]) besuchenden Bootsleute ab. Wie großer Wert auf gute Ausbildung und reichliches Wissen gelegt wird, geht auch daraus hervor, daß die Schiffer nur ganz selten Frau und Kinder mit auf die Reise nehmen, trotz der für sie damit verbundenen Annehmlichkeiten; Frau und Kinder sollen — wie man oft hören kann — zuhause am festen Wohnsitz bleiben, damit die Kinder die Schule regelmäßig besuchen können und etwas lernen.

Neben den Kenntnissen und dem verschieden entwickelten Intellekt des Schiffers steht dessen Gewissenhaftigkeit und Tüchtigkeit als praktischer Schiffsführer. Ein Schiffer, der nicht mit Tagesgrauen auf die Fahrt geht und nicht möglichst selbst auf alles achtet, was dem Schiff begegnet, wird für die Dauer auf keinen grünen Zweig kommen. Nicht zu übersehen ist das persönliche Wesen des Einzelnen. Der freundliche, gefällige, gerade und rechtschaffene Schiffer, der es versteht, sich überall in gutem Sinne Freunde zu erwerben, wird bei Angeboten dem groben, unhöflichen, unaufrichtigen und unzuverlässigen Schiffseigner vorgezogen.

Endlich verdient der Zufall Erwähnung, das unberechenbare Glück des Einzelnen. Der eine Schiffer kommt zu spät, wenn eine gute Fracht angeboten ist, er muß warten oder mit einer weniger günstigen zufrieden sein. Manchen Schiffern glückt es mit dem Wasser wiederholt nicht; andere kommen immer gerade noch über flache Stellen hinfort. Ein Mangel an Voraussicht ist da nicht stets die Ursache. Der Schiffer muß nun einmal so laden, daß er gerade noch über die ihm bekannten flachen Stellen kommt, ohne hängen zu bleiben. Dabei handelt es sich mitunter um

---

21) Vergl. Grotewald, S. 652 f. — An der Saale sind Schifferschulen in Wettin, Alsleben, Nienburg und Kl. Rosenburg nach 1895 eingerichtet. Über deren Besuch u. a. geben die Leiter der Schulen, die zugleich Rektoren der öffentl. Schulen der betr. Orte sind, gern Auskunft.

wenige Zentimeter. Der Wasserstand läßt sich aber auf den Zentimeter nicht vorherbestimmen; einige verlorene Stunden können schon einen 1—2 cm verminderten Wasserstand bedeuten. Unvorhergesehen sind auch die Schleusenaufenthalte und Beeinflussung des Fahrwassers durch Mühlwasser; beides kann den Fahrtplan eines noch so tüchtigen Schiffers vollständig umwerfen. Der festgefahrene Schiffer muß dann häufig lange Zeit auf steigendes Wasser warten oder die hohen Ableichterkosten tragen.

Außerdem gibt es Schiffer, die melden ihren Kahn zur Beladung an, und haben schon am gleichen Tage Fracht. Sie werden gleich beladen und fahren und löschen und werden wieder beladen. Andere dagegen müssen auf Ladung warten, und haben sie endlich eine solche, dann nutzt der Versender oder der Empfänger die gesetzliche Ladungsfrist bis auf die letzte Minute aus.

So spielt der Zufall eine Rolle; bei dem einen schlägt alles ein, andere stoßen fortgesetzt auf Schwierigkeiten. Rechnen muß mit diesen Zufälligkeiten jeder Schiffer bei größter Voraussicht und Geschicklichkeit. Selbstverständlich bilden auch hier, wie überall, die Extreme nicht die Regel; aber grade der Einzelschiffer, der das einzelne Zufallselement nicht durch Besitz mehrerer Kähne auszugleichen vermag, wird nicht selten durch ein einziges Mißgeschick ohne eigene Schuld in seiner Existenzkraft gebrochen.

Diese Zufälligkeiten sind es, die eine allgemein giltige Antwort auf die Frage nach der wirtschaftlichen Lage des Kleinschiffers nicht zulassen. Immerhin darf gesagt werden, daß die Rentabilität nur sehr gering ist und größere Überschüsse nur in seltenen Fällen erzielt werden. Der Schiffer hat schwer zu arbeiten und genau zu rechnen, um das in seinem Betriebe steckende Kapital einigermaßen zu verzinsen. Hinge der Schiffer nicht so an seinem Beruf, den schon der Vater ausübte, und der ihm scheinbar Freiheit und Selbständigkeit gibt und seiner Unternehmungslust Spielraum läßt, er würde sein Kapital in anderen Unternehmungen sicherer arbeiten lassen können.

Nachstehende Rechnung, die keine Regel aufstellen will, möchte blos zeigen, daß die mit einem Kahn betriebene Schiffahrt auf der Saale von einer Rentabilität in privatwirtschaftlicher Hinsicht weit entfernt und nur unter gewissen Voraussetzungen zu betreiben ist. — Dem Beispiel ist ein normaler 375-400 t Saalemaßkahn zugrunde gelegt, der einem Rhedereischiffer gehört. Der Kahn befährt regelmäßig die Strecke Hamburg-Halle. Er macht in normalen Zeiten jährlich 5 Doppelreisen, 5 Tal- und 5 Bergreisen, in jedem Monat eine Reise; zwei Monate sind für die winterliche Schiffahrtssperre in Ansatz gebracht. Unvorhergesehene Zwischenfälle, die zu einer Verzögerung der Fahrt führen können, sind nicht berücksichtigt. Nimmt man nun an, daß das Fahrzeug seine Tragfähigkeit zu rd. 50-60 % ausnutzt, so befördert es im Mittel auf jeder Reise 200-225 t; im Frühjahr und Herbst mögen es gelegentlich 350-375 t sein, bei niedrigem Wasser dagegen nur 100-125 t; das Beispiel rechnet mit 200 t. Für die Talfahrt ist auf Grund mehrerer Besprechungen mit verschiedenen Interessenten und Fachleuten ein Frachtlohn von 25 Pf. für 100 kg frei Provision angesetzt. Für die Bergfahrt sind 20 Pf für 100 kg Anteilfracht in Ansatz gebracht; der Satz entspricht dem Mittel, das Rhedereischiffer erhalten. Die Rhederei macht für sich außer der Provision und den wirklichen Schleppkosten keine Abzüge, die den Mitgliedern später als Dividende zugute kämen, sondern zahlt lieber dem Schiffer gleich alles. Dadurch sind die Rhedereischiffer günstiger gestellt, als alle durch Prokureure oder Privatfirmen mit Bergladung versehenen Schiffer. Diese Vermittler sollen außer dem wirklichen Schleppsatz und einer Provision noch einen Teil der überbleibenden Fracht zurückbehalten, so daß Saaleschiffer durchschnittlich nicht viel über 10 Pf. für 100 kg erhalten.

Nach diesen Vorbemerkungen gestaltet sich die Rechnung wie folgt:

Einnahmen:

talw. 5 Fahrten, 200 t, 25 Pf. für 100 kg, 1 Fahrt = 500 M.			2500 M.
bergw. 5 „ 200 t, 20 „ „ 100 „, 1 „ = 400 „			2000 „
			4500 M.

Ausgaben:

Löhne			
	1 Steuermann monatlich je 130—150 M.	1500 M.	
	2 Bootsleute 10 Monate, monatl. 120 „	2400 „	
	Haupter	200 „	4100 M.
Schleusenzoll, Güter I. Kl.			300 „
Der Kahn soll einen Gegenwartswert von 18000 M. haben:			
	Verzinsung 5 %	900 M.	
	Tilgung einschließlich Unterhaltungskosten $7\frac{1}{2}$ %	1425 „	
	Schiffsversicherung 1 %	180 „	2505 „
			6905 M
	Einnahmen		4500 „
	Defizit		2405 M.
Laut Schifferanschlag wird gespart oder nicht gerechnet:			
	Steuermann	1500 M.	
	1 Junge statt ein Bootsmann 60 M. mtl.	600 „	
Das Schiff ist mit 10,000 M. belastet:			
	Zinsen für 8000 M. à 5 %	400 „	
	Tilgung von 8000 M. à 6 %	480 „	2980 M.
	Deficit		2405 „
	Überschuß		575 M.

Die Rechnung führt zu dem Schluß, daß die Lage des Einzelschiffers keineswegs günstig zu nennen ist. Die eingesetzten Größen mögen im einzelnen Falle anders liegen, das Ergebnis wird sich dem entsprechend verschieben. So mag z. B. die Ladefähigkeit des Kahnes besser, als in dem Beispiel angegeben, ausgenutzt werden; der Schiffer fährt zu der in Rechnung gestellten Fracht nicht 200 t, sondern 225 t durchschnittlich; das ist schon eine Mehreinnahme von 564,50 M. Die Schiffsversicherungsprämie ist auch öfters niedriger als 1%. Die allgemeine Tendenz ist aber jedenfalls aus dem Ziffernbeispiel zu ersehen: Daß Schiffahrtsgewerbe ist nur zu betreiben, wenn der Besitzer selbst als Steuermann fährt; auch der Bootsmannslohn muß möglichst in der Familie bleiben. Wer an eine Verzinsung des eigenen Kapitals denkt, geht fehl; der Einzelschiffer muß an der Saale in der Regel auf Kapitalzins und Unternehmergewinn verzichten. Das Plus, das besonders gute Jahre bringen, wird durch ein Minus späterer Jahre wieder ausgeglichen. Daher die ungeheuere Schwierigkeit für den mit einem belasteten Kahn arbeitenden unvermögenden oder nur wenig begüterten Schiffer, wenigstens die Zinsen der Schiffshypothek herauszuwirtschaften. Nichtberücksichtigt sind in der Rechnung andere Einkommenquellen der Schifferfamilien, wie Privatvermögen, Haus- und Grundbesitz, Verdienst des Schiffers in den Wintermonaten und Verdienst der Frau — alles Größen, die bei der Beurteilung der wirtschaftlichen Lage der Schifferfamilien nicht vernachlässigt werden dürfen, aber von der dem Beispiel zu Grunde liegenden Frage nach der Wirtschaftlichkeit des Kahnbetriebes getrennt werden müssen. So ergibt sich, daß nur die Schifferfamilie, welche bescheiden lebt und nicht ganz ohne Vermögen ist, sich bei vielem Fleiß und zäher Beharrlichkeit allmählich etwas ersparen und zu Wohlstand erheben kann.

Nicht ohne Grund haben sogar die V. E. G., die einen großen Schiffspark ihr Eigen nennen, trotz ihrer überragenden Stellung auf der Elbe dividendenlos gearbeitet; die Frachten reichten nicht aus, alle Unkosten, besonders die Löhne und die von einem wirtschaftlich arbeitenden Betrieb zu fordernde Kapitalverzinsung, aufzubringen. Die Firma A. Mann wußte 1901, als sie sich von der Rhederei trennte, wohl, warum sie nur wenig eigenen Kahnraum erwarb, der sich nur deswegen rentierte, weil nach der Inbetriebstellung der Güterdampfer die Kähne geschleppt wurden, und so eine erhöhte Ansnutzung des Kahnraums möglich war. Wollte die Rhederei heute die Kähne ihrer Mitglieder käuflich erwerben, die Schiffseigner als Steuerleute anstellen und als ein auf großkapitalistischer Grundlage aufgebauter Betrieb arbeiten, sie würde bald am Ende sein. Die Schiffahrt auf der Saale, abgesehen von dem Eilstückgutdienst und der Kettenschleppschiffahrt, die beide ihre Betriebsmittel in höherem Grade ausnutzen können als der Einzelschiffer, arbeitet privatwirtschaftlich ohne oder höchstens mit ganz geringem Nutzen. Eine Aenderung könnte bei gleichem Kahnraumangebot nur eine Steigerung des Verkehrs bringen, die zu einer intensiveren Ausnutzung des Kahnraums führte. Eine Aenderung des zeitigen Verhältnisses zwischen Kahnraum und Güterangebot ist aber nicht zu erwarten. Privater Unternehmungsgeist wird auf eine Verkehrssteigerung mit Vermehrung des Kahnraums antworten, und das würde auch deswegen nötig sein, um gesteigerten Verkehr bei ungünstigen Wasserverhältnissen, also geminderter Ausnutzungsfähigkeit der Tragfähigkeit, festhalten zu können. —

5. Als eine Einrichtung zur Förderung der wirtschaftlichen Interessen seiner Mitglieder darf nicht unerwähnt bleiben der 1870 gegründete Schiffsversicherungsverein auf Gegenseitigkeit zu Alsleben a. S.[22]), zu dessen Mitgliedern aus Saaleschiffahrtskreisen wilde Schiffer und Verbandsschiffer gehören. „Zweck des Vereins ist die Versicherung seiner Mitglieder gegen die Folgen des Verlustes oder der Beschädigung ihrer Fahrzeuge und zwar nach dem Grundsatze der Gegenseitigkeit. Die Versicherung erstreckt sich auch auf Schäden, die einem Dritten zu ersetzen sind. — Der Verein bezweckt des weiteren, innerhalb des Geschäftsgebiets für Hebung der Schiffahrt, Beseitigung von hinderlichen, sowie Einführung von zweckmässigen Einrichtungen mit allen gesetzmäßigen Mitteln und im Anschluß an andere Vereine zu wirken" (§ 2 der Satzungen).

22) Vergl. Satzungen des Vereins von 1915. — J. B. d. Vereins 1870—1914.

Aehnliche Zwecke, nur nicht auf so breiter Unterlage verfolgt der am 1. Januar 1893 ins Leben getretene „Schiffsversicherungs-Verein zu Nienburg, Saale, eingetragene Genossenschaft m. u. H". [23]), dessen Geschäftsgebiet nur das Herzogtum Anhalt und die Provinz Sachsen umfaßt. —

6. Auch der Saaleschiffahrt kommt das durch das Reichsgesetz betr. die privatrechtlichen Verhältnisse der Binnenschiffahrt und der Flößerei (Binnenschiffahrtsgesetz) vom 15. 6. 1895 / 20. 5. 1898 eingerichtete Binnenschiffsregister zugute. In ihm soll bekanntlich für jedes Schiff des Registerbezirks u. a. auch die hypothekarische Belastung und die Belastung mit Pfandrechten angegeben werden. Mit der Einführung dieses Registers beabsichtigte der Gesetzgeber in erster Linie, die Einzel- oder Kleinschiffer wirtschaftlich zu fördern. Man wollte ihnen die Beschaffung von Hypotheken erleichtern und sie dadurch in den Stand setzen, sich durch Anzahlung ein neues, den modernen Wettbewerbsverhältnissen entsprechendes Fahrzeug anzuschaffen.

An der Saale wurden bis dahin Gelder auf dem freien Geldmarkt kaum aufgebracht; Verwandte oder Bekannte gaben unter der Hand, wenn es nötig war. Das ist auch nicht wesentlich anders geworden. Aber die Belastung hat eine häufig spekulative Höhe erreicht. So galt es etwa bis 1900 als spekulativ und widersprach dem Herkommen, eine Restkaufgeldsumme schuldig zu bleiben. Es war allgemein gebräuchlich, das Schiff bar zu bezahlen, wobei es dem Besteller freistand, sich fehlende Beträge freihändig von Verwandten oder Freunden vorstrecken zu lassen; das geschah aber nur in geringem Umfang. Diese Übung ist geschwunden. Von Jahr zu Jahr ist die mit der ersten Eintragung des Schiffes vermerkte hypothekarische Belastung gestiegen. 1913 darf man als normale Belastung eines

---

23) Statut des Vereins vom 31. 1. 1911. — J. B. 1904—1914.

modernen eisernen Saalekahns, der rund 22—25,000 M. kostet, 12—18,000 M. angeben.

Im Interesse der Schiffahrt ist es zu begrüßen, daß wenigstens das gewerbsmäßige Geldverleihertum, daß insbesondere holländisches Geld nur in ganz seltenen Fällen bis an die Saale vorgedrungen ist. Der als zuverlässig und tüchtig bekannte Schiffer bekommt im Orte sein Geld; man vertraut, er wird es schon bei Zeiten richtig zurückzahlen. Das geschieht auch regelmäßig, wenn nicht Jahre mit anormalen Wasserständen zu Störungen in der Verzinsung und Tilgung führen. Der mit seinem Heimatort durch zahlreiche persönliche und sachliche Beziehungen fest verwachsene Schiffer würde der Achtung seiner Mitbürger, seiner ganzen moralischen Stellung im sozialen Gemeinschaftsrahmen der Heimat verlustig gehen, wenn er es wagen wollte, in nicht entschuldbarer Weise seine Verpflichtungen zu vernachlässigen.

Die Bedingungen, zu denen Geld erhältlich ist, sind verschieden. Es werden 4—5 % Zinsen bezahlt; $4^1/_2$ dürfte das Mittel sein. Eine Tilgung ist in den meisten Fällen nicht ausgemacht, besonders dann nicht, wenn das Darlehen von Verwandten stammt, von denen der eine mit 2000, der andere mit 500, der Dritte mit 1200 M. aushilft, je nach dem Vermögensstand der Familien und der Höhe der aufzunehmenden Schuld. Trotzdem tilgt der Schiffer, sobald und soviel er vermag; denn um so eher hat er einen schuldenfreien Kahn und ist der Sorge um die Zinsen enthoben. Verschiedentlich ist zu beobachten, wie größere Posten von 8, 10, 12,000 M. schon nach 4, 6, 8 Jahren gelöscht sind, ohne daß eine Tilgung vereinbart war; ebenso kommt es vor, daß sich Kähne, auf denen nur 2000, 3000 M. lasten, in 10 und 15 Jahren nicht freiarbeiten konnten. Ist eine Tilgung ausgemacht, so beträgt sie selten mehr als 8—10 %.

Wieviel gesunder diese Art von Hypothekarkredit gegenüber den gewerbsmäßig gegebenen Krediten ist, zeigt der Vergleich mit den holländischen Hypothekenbanken. Diese fordern 5—6 % Zinsen und 10 % Amortisation. Daneben muß gewöhnlich eine vierteljährlich verrechnete laufende Provision von $^1/_4$—$^3/_4$ % jährlich gezahlt werden ungerechnet der dem Agenten zu zahlenden Abschlußprovision bei Vermittlung des Geschäfts [24]).

II. Die Frachtenfrage [25]).

1. Der Frage nach der inneren Bildung der Frachten soll die nach ihrem äußeren Zustandekommen voraus gehen, das ist die Organisation des Frachtenmarktes. Die Frachtverträge entstehen auf zweierlei Weise. Direkt zwischen dem Versender und dem Schiffseigner, und indirekt, wenn eine Vermittlungsstelle zwischen beiden steht. Ob der direkte oder indirekte Frachtabschluß im Saaleverkehr überwiegt, läßt sich zahlenmäßig nicht erfassen. Bei der Eigenart der Unternehmungsformen dürften beide ungefähr gleichwertig nebeneinander stehen.

Bei der direkten Frachtvermittlung, zu der auch die Frachtabschlüsse der nach außen als selbständiges Unternehmen auftretenden Rhederei gerechnet werden, ist zu scheiden zwischen Berg- und Talverkehr.

Der Bergverkehr, welcher der Menge, aber nicht dem Werte nach hinter dem Talverkehr zurücksteht, umfaßt zum größten Teil hochwertigere Stückgüter, die meist in Hamburg oder Lübeck und Stettin u. s. w. aufs Schiff genommen werden. Daneben kommen Massengüter in Kahnladungen vor, wie Holz aller Art, Steinkohlen, Braunkohlen, Futter-

---

24) Vergl. Zeitschr. f. Binnenschf. 1914 H. 2, S. 50; 1913 H. 2, S. 42—56.

25) Vergl. Materialien zum Binnenschiffahrtsgesetz, Reichstagsdrucksachen Bd. 282, Nr. 1127, Nr. 10 „Eisenbahntarife und Binnenwasserstraßen". — Normaltransportgebühren auf der Eisenbahn für Güter s. Drucksachen des Hauses der preuß. Abgeordneten, II. Sess. 1914/15, Bd. I, S. 224.

mittel u. a. Der Stückgutverkehr liegt nicht in den Händen der unabhängigen wilden Einzelschiffer, die ihm nicht gewachsen sind. Nur die über genügenden Dampfer- und Kahnraum verfügende Unternehmung ist hierin leistungsfähig. Mit dieser Unternehmung setzt sich der Versender oder dessen beauftragter Spediteur unmittelbar in Verbindung. Die Schiffahrtsfirma benachrichtigt alle Ladungsinteressenten von der Abfahrt ihrer Dampfer und der Versender fragt an, zu welchen Frachtsätzen ein bestimmter Posten Stückgut zur Beförderung übernommen wird. Auf diese Weise spielt sich das Geschäft in Hamburg ab zwischen dem Versender und der Rhederei, der H. H. D. G., den V. E. G. und in anderen Orten mit den Vertretern oder Vertrauensleuten der Gesellschaften. Dasselbe gilt für den Berlin-Stettiner Stückgutdienst. Neben diesen Frachtvereinbarungen von Fall zu Fall laufen bei regelmäßigen Versendungen feste Schlüsse, denen gewisse Einheitsfrachten zu Grunde liegen. Beim Massengutverkehr bergwärts bildet der direkte Verkehr die Ausnahme, abgesehen von den für die Mitglieder übernommenen Verladungen der Rhederei.

Der Stückgutverkehr talwärts beginnt in Halle. Hier handelt es sich hauptsächlich um Umschlagsgüter, die von der Rhederei, der H. H. D. G., den V. E. G., A. Mann und Schütze & Henkel gefahren werden. Die Firmen übernehmen diese Güter direkt vom Versender; die Kunden werden fortlaufend über die nächsten Abfahrtzeiten unterrichtet. Zur Pflege des Umschlagsverkehrs haben die Firmen im Hinterlande teilweise Vertreter und Vertrauensleute, die mit dem Versender im Namen der Gesellschaft verhandeln. — Auch Massenguttransporte kommen beim Talgeschäft häufig direkt zum Abschluß. Der Schiffer fragt bei der Tongrube, der Sandgrube, dem Steinbruch, den Solvay-Werken, der Ziegelei, der Zuckerfabrik, besonders in Zeiten schwachen Geschäfts, persönlich an, ob Ladung vorliegt. Außerdem hat wohl jeder Schiffer seine Vertrauensleute, die unter Umständen das Geschäft der Nachfrage für ihn besorgen und seine Interessen wahrnehmen. Sind Massengüter versendungsbereit und ein Schiffer hat sich nicht gemeldet, dann wendet sich der Versender an einen Vermittler. — Grundsätzlich darf also von direktem Geschäftsabschluß gesprochen werden im Stückgutgeschäft und bei einem Teil der talwärts von der Saale gehenden Massengutsendungen.

Die Vermittlung von Transporten besorgen sogen. Prokureure[26], das sind Frachtvermittler, Frachtagenten, Frachtmakler, die sich an demselben Orte dauernd aufhalten, den örtlichen Markt und die Wünsche, Eigentümlichkeiten und Abhängigkeiten aller Interessenten genau kennen. An ihn wendet sich Schiffer und Versender. Der Prokureur übernimmt den Transport zu einem festen Frachtsatz, sobald er einen Schiffer an der Hand hat oder zu bekommen glaubt, der sich mit einer bestimmten Fracht begnügt. Die dem Schiffer gezahlte Fracht heißt Anteilfracht, sobald der Prokureur von der Gesamtfracht Provision, und Schleppkosten gleich zurückbehält. Die Gesamtfracht kennt der Schiffer meistens nicht, er muß sich häufig mit dem begnügen, was ihm der Prokureur gibt. Anteilfracht ist jetzt allgemein üblich, sie wird auch von der Rhederei, der H. H. D. G. und den V. E. G. gezahlt, mit dem zu beachtenden Unterschied, daß dem Rhedereischiffer als Aktionär die von der Anteilfracht abgezogene Provision zum Teil in Form der Dividende zugute kommt, während bei den beiden anderen eine niedrige Anteilfracht einen um so höheren Gewinn der betreffenden Unternehmung bedeutet; beide stehen dem Schiffer gleichsam als Prokureur gegenüber.

Das Prokureurwesen ist besonders stark in Hamburg ausgebildet. Die Prokureure treffen nur an der Börse zusammen, unterbreiten dem Schiffer und Versender ihre

26) Über Prokureure s. Pleissner S. 82 ff.

Angebote unter Berücksichtigung aller den Markt beeinflussenden Umstände und der mit ihnen jeweilig in Verbindung stehenden Partei. — An der Saale finden sich für den Talverkehr einige Prokureure in Wettin, Alsleben und Nienburg. In Halle erinnert die Annahme von Schiffen durch die ansässigen Firmen Schütze und Henkel, A. Mann, die V. E. G. und die Beladung der Germaniaschiffer durch die Vertretung der H. H. D. G. an Prokureurtätigkeit. Da zu Tal nicht geschleppt wird, erhält der Schiffer die Gesamtfracht abzüglich einer Provision von durchschnittlich 5-6%.

Alle am Frachtenmarkt interessierten Teile kennen dessen Lage genau, wozu nicht wenig regelmäßig in Zeitungen und Zeitschriften erscheinende Veröffentlichungen von Markt- und Wirtschaftsberichten über die Binnenschiffahrt, Frachten, Schlepplöhne, Versicherungen u. a. beitragen. Selbst der Einzelschiffer kann recht gut beurteilen, ob die ihm von der Gesellschaft oder dem Prokureur gezahlte Fracht als angemessen zu bezeichnen ist oder nicht. —

2. Die Frachthöhe, die immer von der jeweiligen Marktlage abhängt, kommt nicht willkürlich zu stande. Die Fracht kann eine bestimmte Höhe dauernd ebensowenig überschreiten, wie sie nicht dauernd unter einen bestimmten Tiefpunkt sinken wird.

Die Untergrenze bilden die privatwirtschaftlichen Selbstkosten; diese müssen mindestens gedeckt werden, soll das Gewerbe nicht mit Verlust arbeiten. Die Höhe dieser Selbstkosten läßt sich aber nicht einheitlich angeben, sie schwankt je nach der Größe des Unternehmens und der Art des Betriebes. Die festen Selbstkosten umfassen die Verzinsung und Tilgung der in den Betriebsmitteln angelegten Kapitalien, Unterhaltung der Betriebsmittel, gewisse Geschäfts- und Verwaltungsunkosten, die Schiffsversicherung, Gehälter und Löhne, die Lasten der sozialen Versicherung und Steuern. Die veränderlichen Kosten sind Unkosten, die sich nach der Beschäftigung der Betriebsmittel richten.

Zu ihnen sind zu rechnen: Lade- und Löschkosten, Hafenabgaben, Schiffahrts- und Schleusenabgaben, Schlepplöhne, ein Teil der Gehälter und Löhne, gewisse Unkosten für die Betriebsmittel u. a.

Wie nach unten sind der Frachthöhe auch nach oben Grenzen gezogen. Selbst wenn der freie Wettbewerb im Schiffahrtsgewerbe ganz aufhörte und sich alle Unternehmungen zu einem Monopol zusammenschlössen, dürften die Frachten nach oben die Grenze nicht überschreiten, die den Verkehr von der Wasserstraße ablenken und der Eisenbahn zuführen würden. Die Wasserstraße wird nur solange benutzt, wie sie der Eisenbahn gegenüber Vorteile bietet.

Die Wasserfracht bewegt sich daher im großen und ganzen ihrer Höhe nach zwischen den Selbstkosten der Schiffahrt und dem jeweilig geringsten Vorteil, den sie vor der jeweils in Frage kommenden möglichen Eisenbahnbeförderung läßt. Der Spielraum ist nicht unbedeutend, wie die schwankende Frachtgestaltung zeigt.

Prüft man nun im einzelnen die die Fracht bestimmenden Elemente, so ergibt sich zunächt — wie überall im Binnenschiffahrtsverkehr — auch auf der Saale ein entscheidender Unterschied zwischen Massengut und Stückgut. Dies hängt damit zusammen, daß der Kahnraum bei der Stückgutbeförderung gewöhnlich nicht so ausgenutzt werden kann wie bei der Beladung mit einem gleichartigen Massengut. Außerdem muß die Schwierigkeit berücksichtigt werden, eine bestimmte Menge Stückgüter bei gegebenem Wasserstand in einem gegebenen Kahnraum zu verstauen. Oft muß dem Dampfer ein erster oder zweiter Begleitkahn zur Aushilfe beigegeben werden, für den nicht mehr genügend Ladung eingeht, so daß die Tragfähigkeit nur teilweise ausgenutzt ist. Mit dem Stückgut ist auch beim Laden und Löschen relativ mehr Arbeit verbunden, besonders dann, wenn die Güter in verschiedenen Orten zur

Ausladung kommen oder ein Bugsieren im Hafen an mehrere Liegestellen nötig ist.

Güter nach Zwischenstationen werden in der Regel nicht wesentlich billiger gefahren als die für die Endstation bestimmten. An der Zwischenstation bleibt gewöhnlich Zuladung für das gelöschte Gut aus, und der leer gewordene Schiffsraum, der von der Anfangs- bis zur Endstation unter Umständen hätte ausgenutzt werden können, wird ungenutzt mitgeführt. Der Zwischenstationsverkehr verurteilt die durchgehenden Güter zu unfreiwilligem Aufenthalt. Bei Bergfahrten ist es schwierig, Schleppanschluß zu finden; außerdem wird auf der anschliessenden kürzeren Strecke ein verhältnismäßig höherer Schlepplohn für die Streckeneinheit gerechnet als bei durchgehendem Schlepp. So erklärt es sich, daß Güter, die unterhalb Halle auf der Saale zugeladen werden, Hallesche Fracht zahlen müssen. Talwärts nach Magdeburg bestimmte Güter sind nicht viel billiger als Hamburger; unterhalb Magdeburg gelöschte Güter fahren zum Hamburger Satz. Entsprechend ist es beim Bergverkehr.

Die Frachtübersicht auf S. 56 zeigt auch den erheblichen Unterschied für Berg- und Talgüter. Berg- und Talfahrt bilden hier nicht eine so geschlosssene Einheit wie etwa auf dem Rhein und der Weser; das ganze Netz der östlichen Wasserstraßen wird vielmehr vom einzelnen Kahn befahren, und jede einzelne Strecke steht daher in ihrer Frachtenbemessung unter ihren eigenen Bestimmungselementen. Im besonderen die Selbstkosten kommen daher zu gesonderter Geltung. Talwärts wird ohne Schleppkraft gefahren, mit Ausnahme der den Eildampfern beigegebenen Stückgutkähne und besonders eiliger sonstiger Transporte; das verringert die Selbstkosten und ermöglicht niedrigere Frachten. Anders die Bergreise. Da muß sich das Fahrzeug zur Ueberwindung der ihm entgegenstehenden Strömung fremder Schleppkraft bedienen, die den Transport sehr verteuert. Für die Strecke Hamburg-Halle beträgt der Schlepplohn ziemlich gleichmäßig 21-23 Pf. für 100 kg. Besonders ungünstig ist die Saale gestellt; während auf der Elbe für die 330 km lange Strecke Hamburg-Barby 8-11 Pf für 100 kg zu zahlen sind, werden auf der 105 km langen Strecke Barby-Halle 11-14 Pf für 100 kg bei durchschnittlicher Beladung erhoben [27]. Der hohe Schlepplohn auf der Saale hat seinen Grund in der Monopolstellung der Kettendampfer. Auf der Saale ist es nicht so wie auf der Elbe, wo unter dem Druck starker Konkurrenz die festen Schlepptarife nur noch auf dem Papier stehen und die Schleppkraft ebenso börsenmäßig gehandelt wird wie die Frachten.

Sehr stark beeinflussen Wasserstand und Jahreszeit die Frachten. Je kleiner das Wasser, um so höher müssen die Frachten steigen, um die Selbstkosten zu decken. Deswegen werden auch bei laufenden Schlüssen von einem gewissen niedrigen Wasserstand an sogenannte Kleinwasserzuschläge erhoben. Massengüter gelangen in solchen Zeiten in geringeren Mengen zur Verladung, weil sie hohe Frachten nur schwer tragen.

Die Fracht für bestimmte Güter richtet sich noch in anderer Weise nach dem Wasserstand. Schwergüter werden bei vollem Wasser billiger gefahren als Leichtgüter, die nicht die volle Ausnutzung der Tragfähigkeit gestatten; der Unterschied gleicht sich bei fallendem Wasser mehr und mehr aus.

Mit dem Wasserstandswechsel hängt es zusammen, daß auch die Jahreszeiten die Frachtenhöhe mit bestimmen. Frühjahr und Herbst sind die Hauptgeschäftszeiten im Schiffahrtsgewerbe. Im Frühjahr warten die beladenen Kähne auf die Eröffnung der Schiffahrt, um mit dem vollen Frühjahrswasser abzuschwimmen. Im Herbst drängen sich die Güter zusammen, um vor dem Winter noch ihr Ziel zu erreichen. Dazu sind die Tage im Frühjahr und Herbst

27) Vergl. den Schlepptarif der V. E. G. für die Saale.

kürzer und verbieten die volle Ausnutzung der Betriebsmittel. Die niedrigen Sommerwasserstände machen sich gewöhnlich recht unangenehm fühlbar, wenn auch das Güterangebot im Sommer meist nachläßt.

Auch die Schnelligkeit der Beförderung ist bedeutsam. Der Eilverkehr ist scharf zu trennen von dem gewöhnlichen Stückgutverkehr und von dem Massengutverkehr, bei dem es auf einige Tage oder gar Wochen mehr oder weniger oft nicht ankommt. Der Eilgutverkehr auf der Saale vermag sich um so eher zu behaupten, je pünktlicher und schneller er arbeitet. Die Eilfrachten, die weit über den gewöhnlichen Stückgut- und Massengutfrachten liegen, sind beständiger und regelmäßiger als jene. Daher laufen auch im Eilverkehr die meisten festen Transportverträge.

Die Fracht richtet sich nach der Beschaffenheit des Fahrzeugs. Güter werden in einfachen offenen Kähnen billiger befördert als in modernen gedeckten Eisenkähnen.

Es ist schon darauf hingewiesen, daß Güter nach Zwischenstationen nicht oder nicht viel billiger befördert werden als nach der Endstation. Das hängt auch mit der Entfernungsfrage zusammen, mit der Tatsache der Geltung von Staffeltarifen in der Schiffahrt. Das besagt: für längere Strecken werden geringere Frachtsätze für die Gewichts- und Streckeneinheit berechnet als für kürzere, weil die Selbstkosten nicht entsprechend der zunehmenden Entfernung wachsen. Außerdem wird für den Versender mit steigender Entfernung das Bedürfnis nach billigen Frachten größer, und der Zeitverlust macht sich fühlbar. Der Schiffer sieht sich daher oft gezwungen, seine Ansprüche bei längeren Fahrten relativ herabzudrücken, wenn er den Auftrag überhaupt erhalten will.

Die Art der Güter wird bei der Frachtbemessung berücksichtigt. Wertvollere Güter, die von der Eisenbahn in höheren Tarifklassen gefahren werden, und bei denen die

Transportkosten nur einen geringen Bruchteil des Wertes ausmachen, werden höher tarifiert als minder wertvolle.

Nicht unwichtig bei der Frachterstellung ist die Regelmäßigkeit und Stetigkeit, mit der ein Versender Gütermengen zur Versendung bringt. Versendern, mit denen langfristige Transportverträge abgeschlossen sind, werden gewöhnlich Vergünstigungen gewährt.

Die Lage des Herkunfts- oder Bestimmungsortes der Ware zum Umschlags- oder Verladeplatz ist nicht bedeutungslos. Es liegt im Interesse der Schiffahrt, neue und mehr Güter auf die Wasserstraße zu ziehen; die Güter bleiben nicht aus, wenn ihnen günstigere Transportbedingungen geboten werden als bisher. Das geschieht namentlich im Wettbewerb mit der Elbe. Für Güter nach Leipzig und in das sächsische Hinterland werden niedrigere Wasserfrachten gefordert als für Hallesche Güter und solche, die, etwa von Thüringen her, die Saale unbedingt benutzen. Unter die Selbstkostengrenze geht man allerdings an der Saale in der Regel nicht; es wird aber bei Umschlagsgütern stets geprüft, wie sich die Verfrachtung über die Elbe stellt; danach wird das Angebot abgegeben.

Die Tatsache von Angebot und Nachfrage nach Schiffsraum macht sich auf der Saale nicht zu stark fühlbar. Im Sommer, bei kleinem Wasser, ist das Güterangebot an sich nicht übermäßig groß, weil die höheren Frachten, die wegen der geringeren Ladefähigkeit der Kähne gefordert werden, manche Güter von vornherein auf die Eisenbahn oder die Elbe weisen. Starke Nachfrage nach Kahnraum läßt sich außerdem bei dem reichlichen Schiffsraum auf Elbe und Saale leicht befriedigen. Ein übermäßiges, die Frachten werfendes Angebot an Kahnraum tritt an der Saale auch deswegen gewöhnlich nicht in Erscheinung, weil ein großer Teil der Fahrzeuge durch die Rhederei und die H. H. D. G. beladen wird, die den Kahnraum ihrer Schiffer lieber unbenutzt stehen lassen, als ihn zu verlustbringenden Schleuderfrachten zu beladen; der Schiffer fährt nicht, wenn die Fracht nicht wenigstens seine Selbstkosten deckt.

Der Schiffer sieht bei Feststellung der Fracht auf die Beschaffenheit der Güter. Sperrige Güter werden bei vollem Wasser höher tarifiert als schwerliegende, die eine bessere Ausnutzung der Tragfähigkeit gestatten. Eine saubere, angenehme Ladung wird vorgezogen.

Endlich wird die Aussicht auf Rückladung bei der Fracht berücksichtigt, so weit das der Wettbewerb zuläßt. Die gewaltigen Gütermengen, die z. B. Berlin jährlich zu Wasser erreichen, könnten billiger gefahren werden, wenn es in Berlin genügend Rückfracht gäbe. Deswegen sind auch die Frachten im Saale-Berliner Verkehr verhältnismäßig hoch. Die Frachten von der Elbe nach der Saale sind zurückgegangen, seitdem ein entwickelter Umschlagsdienst für mehr Rückfracht an Stückgütern sorgt. Bis 1900 wurden die nach Halle bestimmten Stückgüter aus Hamburg mit durchschnittlich 1 ℳ und mehr für 100 kg bezahlt, weil die Kähne oft leer oder ungenügend beladen von Halle aus zu Tal fahren mußten. Der große Tonversand von der Saale nach dem Osten wäre in dem gegebenen Umfang oder zu den üblichen Frachtsätzen wahrscheinlich nicht möglich, wenn die Kähne im Osten nicht genügend Rückladung fänden.

Das sind die wichtigsten sachlichen Momente, die bei der Frachtfestsetzung an der Saale berücksichtigt werden. Daneben gibt es andere persönlicher und individueller Art, die mit dem Bestehen verschiedener Interessengruppen und Interessenkreise zusammenhängen. Es ist das verständlich im Hinblick auf die weiter oben behandelten verschiedenen Unternehmergruppen in den beiden Hauptverkehrsrichtungen Saale-Hamburg und Saale-Berlin-Stettin.

Alle diese Momente führen dazu, daß die Saaleschiffahrt von einer Tarifierung ihrer Frachten sehr weit entfernt ist. Jede Frachtvereinbarung wird vielmehr individuell getroffen, und selbst für die Beförderung einzelner

Güter, die der gleichen Güterklasse angehören, stimmen die Frachtsätze weder zeitlich noch räumlich miteinander überein. Infolgedessen hat auch jede Aufstellung von Durchschnittsfrachten nur den Wert eines allgemeinen Rahmens, innerhalb dessen sich erhebliche Abweichungen in jedem Einzelfall finden. Aber in dieser Bedeutung ist sie nicht ohne Wert. Auf Grund amtlicher Erhebungen für die Jahre 1896—1908, sowie von Mitteilungen aller in Halle ansässigen Schiffahrtsunternehmungen, verschiedener Einzelschiffer, Prokureure und endlich zahlreicher am Wassertransport interessierter Firmen lassen sich folgende Angaben geben;

Durchschnittsfrachten [28]) in Pf. für 100 kg

a. Niedrigstsatz
b. Mittelsatz
c. Höchstsatz

Eilstückgut			Gewöhnl. Stückgut	Massengut		
Hamburg-Halle (Ort)	a.	55— 75	30—40	Hamburg-Saale	a.	25—30
	b.	75—1,00	40—55		b.	30—50
	c.	1,00—1,50	60	Lübeck-Saale	b.	45—70
Hamburg-Halle (Umschl.)	b.	55— 70	40	Stettin-Saale	b.	50—75
Halle-Hamburg	b.	35— 45	kommt selten vor	Saale-Hamburg, Lübeck, märk. Wasserstr.	a.	20—25
					b.	25—35
					c.	35—50
Halle-Berlin	a.	35— 45	kommt selten vor	Saale-Stettin, Warthe, Osten	b.	40—60
	b.	45— 80				

28) Vergl. die regelmäßigen Berichte über den Frachtenmarkt im Schiff. — „Die Bewegung der Frachten im Jahre 1911/12" von O. Gerold. Zeitschr. f. Binnenschiffahrt 1913 H. 9, S. 201 ff. — „Frachtvergleichungen für gewisse Güter auf dem Bahn-, See- und Binnenwasserwege". Drucksachen des preuß. Hauses der Abgeordneten III. Sess. 19. Legisl.-Per. 1901 Nr. 136. — S. ferner in den Akten des Kgl. Wasserbauamts Halle Schreiben der Rhederei vom 1. II. 1909 und der Firma A. Mann vom 19. I. 1909 über die Höhe der Schiffsfrachten in den Jahren 1907/8.

3. Gegenüber der Eisenbahn genießt die Saalewasserstraße, wie andere Wasserstraßen, eine Reihe technischer Vorzüge, die den volkswirtschaftlich bedeutsamsten Vorteil, den billiger Transportkosten, erklären. Wie es damit, bezogen auf die Streckeneinheit und die ganze Verkehrsstrecke, im Vergleich mit der Eisenbahn steht, soll nachstehende Übersicht deutlich machen:

Reine Frachtkosten für 1 tkm auf der Strecke Halle-Hamburg im Vergleich mit den entsprechenden Kosten auf der Eisenbahn mit Berücksichtigung des Umschlags von und nach Leipzig:

Halle-Hamburg (Hbf.)

Wasserweg 440 km			Eisenbahnweg 338 km			
Fracht für 1 t auf dem Wasser Pf.	Fracht für 1 tkm Wasserweg Pf.	1 tkm Wasserfracht umgerechnet auf Eisenbahnentfernung Pf.	nach Tarif	Streckensatz für 1 tkm Pf.	Gesamtfracht für 1 t einschl. Abfertigungsgebühr Pf.	Dies ergibt für 1 tkm Pf.
200	0,46	0,59	—	—	—	—
250	0,57	0,74	Spezialt. III	2,2	860	2,54
300	0,68	0,89	„ II	3,5	1300	3,85
400	0,91	1,18	„ I	4,5	1640	4,85
500	1,14	1,48	Tarif A 2	5,0	1810	5,36
600	1,36	1,78	„ B	6,0	2150	6,36
700	1,59	2,07	„ A 1	6,7	2460	7,28
800	1,81	2,37	—	—	—	—

Hamburg-Leipziger-Verkehr

Hamburg-Leipzig (Thüringer- u. Magdebrg. Bahnhof) 372 km
Halle „ „ „ „ „ 35 „

Umschlag in Halle					Eisenbahndurchgang	
Wasserfracht für 1 t Halle-Hamburg	Wasserfracht, Umschlag und Eisenbahnfracht einschl. Abfertg. Gebühr bei einem Normalumschlag von 13 Pf für 100 kg für Güter des Sp. Tar. III und von 17 Pf. für andere Güter				nach Tarif	1 t einschl. Abfertg. Gebühr
Pf.	III	II	I	B		Pf.
300	560	630	670	770	Spezialt III	940
400	660	730	770	870	„ II	1 420
500	760	830	870	970	„ I	1 790
600	860	930	970	1 070	Tarif B	2 350

Berechnungen für die Strecken:

Halle-Berlin	Wasserweg 290 km,
	Eisenbahnweg bis Berlin Anh. Bhf. 162 km
Halle-Lübeck	Wasserweg 480 km, Eisenbahnweg 335 km
Halle-Stettin	„ 480 „ „ 310 „

führen zu entsprechenden Ergebnissen.

Die Aufstellung läßt bezüglich der Transportkosten die Ueberlegenheit der Wasserstraße gegenüber den allgemeinen Tarifsätzen der Eisenbahn deutlich erkennen. Trotz des um rd. 100 km längeren Wasserwegs Halle-Hamburg bleibt der auf die Eisenbahnentfernung umgerechnete tkm-Satz des Wassertransports noch bei höchstem Frachtenstand hinter den Kosten des Schienenweges zurück. Nimmt man gar bei der Eisenbahn die Abfertigungs-Gebühr — wie angemessen — zu dem tkm-Satz hinzu, so kommt die Wasserstraße nicht annähernd an die Höhe auch nur des Spezialtarifs III, geschweige der andern oder des Allgemeinen Tarifs heran.

Die Spannung läßt bei geringwertigen Gütern nach, die von der Eisenbahn zu den niedrigen Ausnahme-Tarifen gefahren werden. Als Beispiele seien der Rohstofftarif, der Kali-, der Düngekalk- und der Wegebaustoffetarif aufgeführt. Sie betragen unter Hinzurechnung der Abfertigungsgebühr für je 1 tkm:

bei einer Entfernung von	Rohstoff-Tarif Pf.	Kali-Tarif Pf.	Düngekalk-Tarif Pf.	Wegebaustoffe-Tarif Pf.
1— 50 km	60—3,6	60—3,6	60—3,6	60—3,6
51—200 „	3,6—2,5	3,6—2,5	3,6—2,2	3,6—1,7
201—300 „	2,5—2,4	2,5—2,3	2,2—1,9	1,7—1,6
301—400 „	2.4—2,3	2,3—2,1	1,9—1,8	1,6—1,5
401—500 „	2,3—2,1	2,1—1,8	1,8—1,7	1,5—1,5
501—1000 „	2,1—1,7	1,8—1,4	1,7—1,5	1,5—1,4

Bei einer Transportlänge von 300—400 km (Halle-Hamburg 338 km) werden also auf der Eisenbahn Frachtsätze bewilligt, die sich den Wasserfrachten immerhin erheblich nähern; bei kurzen Entfernungen ist der Schienenweg für die Güter der Ausnahmetarife zumeist billiger als der Wasserweg.

Der Frachtvorteil der Wasserstraßen kommt zudem nicht einschränkungslos zur Wirkung. Der Versender hat in die Rechnung der Wassertransportkosten die Prämie für die Transportversicherung einzustellen, die auf der Eisenbahn in der Regel fortfällt, und läuft noch das ganze Risiko geringerer Sicherheit, das sich nicht im Versicherungsbetrage ausdrücken läßt. Auch die Pünklichkeit ist nicht so genau wie bei der Eisenbahn; nicht einmal beim Eilgutdienst, der zwar recht zuverlässig arbeitet, aber doch auch vom Wasserstandswechsel und von den Durchschleusungen beeinträchtigt wird. Die gleichen Hindernisse und dazu der längere Weg stellen sich der Geschwindigkeit des Wasserdienstes entgegen; die Saale ist hierin schlechter gestellt als die großen Ströme, auf denen der Eilverkehr sich ganz glatt abzuwickeln und mit der Eisenbahn — dank den häufigen Aufenthalten der Güterzüge — auf weite Entfernungen Schritt zu halten vermag.

Noch störender als diese betriebstechnischen Mängel ist aber die Unbeständigkeit der Frachtenhöhe. Die Frachten schwanken oft von Tag zu Tag. Der Versender muß sich, falls nicht feste Transportverträge laufen, jedesmal vergewissern, zu welchem Satz er auf Beförderung rechnen kann. Es fehlt die dem Verkehr erwünschte Stetigkeit, welche die Eisenbahntarife bieten.

Ein rein spekulatives Moment der Unsicherheit kommt so in alle Preisberechnungen hinein, und das wirkt notwendig auf den Wasserverkehr selbst zurück.

In gleicher Richtung wirkt die Gefahr der völligen oder teilweisen Einstellung der Schiffahrt bei Niedrigwasser und im Winter.

Alles zusammen trägt dazu bei, daß viele Güter auf der Eisenbahn bleiben, die rechnungsmäßig zu Wasser billiger befördert würden.

Aus eben diesen Gründen ist aber auch von einem heftigen Wettbewerb oder gar erbitterten Konkurrenzkampf zwischen Schiffahrt und Eisenbahn an der Saale kaum etwas zu verspüren. Die Unstrut zwar hat ihre Bedeutung als Schiffahrtsstraße mit der Inbetriebnahme der Unstrutbahn beinahe ganz verloren[29]. Die Saaleschiffahrt jedoch kann damit rechnen, daß ihr im Durchgangsverkehr die Güter bis zum Spezial-Tarif II im allgemeinen verbleiben. Der Saale sind Umschlagsgüter von den preußischen Eisenbahnen nur entzogen durch Detarifierungen unter Spezial-Tarif II herunter. Als das bei Roh- und Verbrauchszucker, der zur Ausfuhr bestimmt ist, im Jahre 1902 geschah, hat es daher an Klagen seitens der Schiffahrtstreibenden nicht gefehlt. Ebenso hat sich der 1911-12 geltende Ausnahmetarif für Dünge- und Futtermittel unangenehm[30] fühlbar gemacht.

Stärkere Ausfälle führt die Saaleschiffahrt dagegen auf gewisse Tarifmaßnahmen Sachsens und Bayerns zurück. Diese Maßnahmen sind als Wettbewerbs-Maßnahmen jener Staaten gegen Preußen anzusehen. Sachsen[31] und Bayern sind bemüht, möglichst viel Verkehr von preußischen Bahnen abzuziehen. Deswegen hat Sachsen für Elbumschlagsgüter, die sonst zum Teil die Saale benutzen würden, von Riesa und Dresden aus nach und von sächsischen und bayrischen Stationen Ausnahmetarife und Frachtbegünstigungen erstellt. Dasselbe hat Bayern[32] für Umschlagsgüter getan, die zum Rhein und bis nach Antwerpen hin auf bayrischen Bahnen östlich gehen, anstatt den Weg

29) Schiff, Nr. 85, 1896, S. 235. — Die Denkschriften betr. die Bauausführungen . . . für die Jahre 1890/91, 1893/95, 1897/99.

30) Geschäftsbericht der Rhederei für 1912. — J. B. der H. K. Halle 1912.

31) S. Koenig's Eisenbahnfrachtentarif, F. „Auszug aus den Tarifbestimmungen für den Elbeumschlag in Riesa und Dresden". — J. B. der H. K. Halle 1903, S. 58.

32) Vergl. z. B. Verhandlungen und Mitteilungen der Handelskammer zu Dessau Nr. 5, Nov. 1913, S. 54.

über die Weser und Elbe zu nehmen, wobei sie bayrisches Gebiet nicht oder kaum berühren würden.

So ergibt sich für die Saaleschiffahrt und Schienenwege das folgende Verhältnis: Im Binnenverkehr — d. h. demjenigen Verkehr, der seinen Ausgangs- und Endpunkt an der Wasserstraße selbst findet – ist die Saale der Eisenbahn gegenüber im allgemeinen voll wettbewerbsfähig; Güter aller Art, bis herab zu den auf der Eisenbahn in den niedrigsten Tarifklassen gefahrenen, werden billiger auf dem Wasser befördert. Güter des Spezialtarifs II und niedrigerer Tarife zieht dagegen die Eisenbahn um so eher an, je weiter der Bestimmungs- oder der Versendungsort vom Ufer entfernt liegen und je kürzer die zu Wasser zurückzulegende Entfernung ist. Die auf der Saale in großen Mengen talwärts beförderten Massengüter können also die Saale nur benutzen, weil sie in der Nähe des Ufers gewonnen werden oder nur eine geringe Eisenbahnvorfracht zu tragen haben. Hier sind in erster Linie zu nennen: Kies, Sand (Formsand aus Sandgruben an der Kleinbahn Wallwitz-Wettin), Ton (aus Tongruben, die sich zwischen Trotha und Alsleben in der Nähe des Ufers finden), gebrannter Kalk, Mauersteine und Dachziegel (aus zahlreichen am Ufer gelegenen Ziegeleien), Steine aller Art in verschiedener Bearbeitung (Steinbrüche bei Brachwitz, Wettin, zwischen Alsleben und Bernburg), Zuckerrüben (für die am Ufer gelegenen Rohzuckerfabriken). Daneben gibt es Interessenten für den Bezug oder Versand von Gütern, die im Umschlag nicht vorkommen, wie die Zentralgenossenschaft zum Bezuge landwirtschaftlicher Bedarfsartikel mit dem Sitz in Halle, die große Posten Futtermittel bezieht, Holzhandlungen und Zementfabriken (bei Halle an der Hettstetter Bahn, Nienburg). Sobald der Produktionsort weiter vom Wasser abrückt, wie das bei Kalisalzen und Verbrauchszucker der Fall ist, erhält der Wasserweg nur bei Erstellung niedrigster Frachten den Vorzug. Gerade die Güter niedrigster Wertstufen sind darin besonders empfindlich; mit zunehmendem Wert der Transportgüter wird das Verhältnis günstiger.

Im Durchgangsverkehr steht die Saale nicht so günstig da wie offene Ströme. Schon Güter des Eisenbahn-Spez.-Tarifs III, vollends die zu Ausnahmetarifen gefahrenen Güter, kommen auf der Saale im Umschlag so gut wie gar nicht vor. Alle Versuche des Schiffahrtsgewerbes, Güter dieser Art über die Saale zu leiten, sind fehlgeschlagen. Erst Güter vom Spez.-Tar. II aufwärts werden mit Nutzen über die Saale genommen. So kommen im Umschlag namentlich vor: Kaufmannsgüter aller Art und Kolonialwaren, Hülsenfrüchte, Lein- und Oelsamen, Obst und Beeren (Südfrüchte, amerikanisches Obst), Eisen- und Metallfabrikate aller Art, Maschinen und Maschinenteile (vor allem landwirtschaftliche Maschinen aus England und bestimmte Automaten aus den Vereinigten Staaten), Oel aller Art, Fette, Tran, Talg, Teer, Pech, Asphalt, Papier, Porzellan, hochwertige Hölzer (namentlich ausländische), Häute und Leder, Gerbstoffe aller Art; alle diese Güter sind größtenteils Stückgüter und werden als Eilgut gefahren. Auch hier zeigt sich also, daß die übliche Auffassung, wonach die Wasserstraßen einen Vorsprung vor den Schienenwegen gerade in der Beförderung billigster Massenstoffe besitzen sollen, vor den Tatsachen des Verkehrs nicht standhält. Bei Massengütern hört im Gegenteil die Wettbewerbsfähigkeit der Saaleschiffahrt viel früher auf als bei den Gütern mittleren und vollends höheren Werts.

Der Verkehr. [33])

1. Der Gesamtverkehr der Saale, umgerechnet in tkm, zeigt im Vergleich mit der Elbe folgende Zahlen [34]):

Jahr	Elbe von der österreich. Grenze bis zu den Eisenbahnbrücken bei Hamburg und Harburg	Saale von der Mündung des geplanten Leipz.-Saale-Kanals bis zur Elbe	zusammen
	in Millionen tkm		
1875	435	17	452
1885	1 298	15	1 313
1895	1 952	19	1 971
1905	3 584	42	3 626
1912	—	47,6	—

Diese Zahlen lassen die starke Zunahme des Saaleverkehrs erkennen. Sie veranschaulichen aber zugleich, welche bescheidene Stellung die Saale im Binnenwassergüterverkehr einnimmt. Für die Unstrut fehlen entsprechende Angaben.

---

33) Über Schiffs- und Güterverkehr vergl. die jährlichen Veröffentl. des Kaiserl. Statist. Amtes. — Über die Regelung der Schiffs- und Güterverkehrs-Statistik s. u. a. N. F. Bd. 63, Vorbemerkung S. V. N. F. Bd. 192, Vorbemerkung. Die Neuregelung seit 1908 N. F. Bd. 235. I. Einleitung B.

Statistische Angaben sind ferner zu finden: in den jährlichen statistischen Mitteilungen der H. K. zu Halle a. S. — Veröffentlichungen beruhen auf Angaben der Königl. Wasserbauämter. — Statistische Mitt. der H. K. zu Dessau für den Verkehr in Bernburg. — Denkschriften betreffend die Bauausführungen usw. — In den Akten des Königl. Wasserbauamts zu Naumburg über den Schiffs- und Güterverkehr an den Schleusen und Plätzen, die in seinem Bezirk seit 1909 in der Reichsstatistik nicht mehr erscheinen. — Güterverkehr der Schleusen Bernburg 1907—1909, s. Akten der Herzogl. Anhalt. Wasserbauverwaltung.

34) Reichstagsdrucks. Bd. 282, Nr. 1127, S. 5889. — Die Angabe für 1912: Statistik des Deutschen Reiches N. F. Bd. 265, II, Einleitg., Abschn. E., S. XXVII.

Der Gesamtverkehr der Saale unterhalb Halles geht, soweit er nicht reiner Lokalverkehr ist, durch die Schleuse zu Kalbe und wird dort statistisch erfaßt. Dort wurden seit 1900 in der Durchfuhr folgende Gütermengen angeschrieben in t:

Jahr	talwärts	bergwärts	zusammen
1900	274 838	121 800	396 638
1901	251 720	115 295	367 015
1902	293 160	120 097	413 257
1903	363 384	137 520	500 904
1904	260 765	92 085	352 850
1905	415 360	158 280	573 640
1906	418 240	158 145	576 385
1907	381 350	174 480	555 830
1908	354 520	161 070	515 590
1909	358 986	178 428	537 414
1910	504 567	218 742	723 309
1911	355 155	160 959	516 114
1912	497 830	199 925	697 755
1913	507 275	211 006	718 281

Aus welchen statistischen Zählbezirken der Reichsstatistik Saalegüter in Mengen von wenigstens 10,000 t im Empfang kommen, und in welche sie im Versand gehen, lassen folgende Zahlen erkennen:

No. des Zählbezirks und Bezeichnung	1910		1911		1912	
	Vers.	Empf.	Vers.	Empf.	Vers.	Empf.
7 Lübeck usw. . .	20 477	5 210	13 966	2 602	40 172	5 167
8a Hamburg usw. .	224 407	175 322	155 517	128 011	191 261	152 726
16a Berlin	33 336	2 113	12 938	2 833	29 918	2 758
16b „ u. Umgebg. .	2 641	558	4 513	479	11 377	236
17c Märk. Wasserstr. . (ohne 16a, 16b u. 18a)	7 345	2 305	16 727	912	24 313	1 307
18a Plaue-Ihle-Kan. .	1 031	—	304	—	25 634	471
18b Elbe in Prov. Sachs. u. Anhalt .	81 586	6 042	60 306	2 758	62 618	7 588

Demgegenüber dient die Schiffahrt auf der Unstrut und Saale herab bis Weißenfels fast ausschließlich dem Lokalverkehr. Die geringen Gütermengen, die Halle oder noch weiter talwärts gelegene Orte erreichen, sind statistisch nicht gesondert zu erfassen; sie dürfen auch vernachlässigt werden, da sie für die Beurteilung der Unstrut und Saale bedeutungslos und zudem in den Zahlen der Schleuse Beuditz bei Weißenfels enthalten sind. Den Güterverkehr der Schleusen Freyburg an der Unstrut und Beuditz veranschaulichen folgende Zahlen: es durchfuhren die Schleusen zu:

Jahr	Freyburg (Unstrut)		Beuditz (Saale bei Weißenfels)	
	bergw.	talw.	bergw.	talw.
1900	1 378 t	18 860 t	2 297 t	23 884 t
1905	584	11 722	1 933	21 541
1906	503	916	2 439	17 900
1907	640	14 274	1 952	17 156
1908	599	14 691	1 456	19 102
1909	298	15 115	1 592	17 627
1910	493	21 548	1 431	22 091
1911	1 378	13 981	859	15 330
1912	—	17 790	—	—
1913	21	20 419	710	21 302

Die Zahlen für die Jahre 1900—1908 sind der Reichsstatistik entnommen, die der Jahre 1909 bis 1913 den statistischen Mitteilungen der Handelskammer zu Halle.

An welchen Orten die Verkehrsgüter auf die Saale kommen und von der Saale gehen, soll nachstehende Zusammenstellung zeigen. Die der Berechnung zu Grunde liegenden Schleusendurchgangszahlen sind zwar der Reichsstatistik entnommen; die Tabelle gibt jedoch insofern kein ganz exaktes Bild von den tatsächlichen Verhältnissen, als der — im ganzen unbedeutende — Lokalverkehr nicht gesondert erfaßt ist. Außerdem sind die Zählungen des Jahres 1909 mit verwertet, trotzdem sie auf Genauigkeit keinen Anspruch erheben können: die Reichsbinnenschiffahrtsstatistik ist namentlich in den ersten Jahren nach ihrer Reform von 1908, wie in den Vorreden jener amtlichen Veröffentlichungen selbst vermerkt ist, ungenau und fehlerhaft. Es kommt in dieser Zusammenstellung aber nicht auf die genauen Zahlen, sondern nur auf die Erfassung der Tendenz der Güterbewegung an.

Beim Talverkehr kamen auf die Saale

Jahr	Oberhalb Gimritz t	zwischen Gimritz und Bernburg t	zwischen Bernburg u. Kalbe t	zusammen t
1909	66 240	179 821	112 925	358 986
1910	94 682	249 830	160 055	504 567
1911	77 639	193 359	84 157	355 155
1912	101 440	249 639	146 751	497 830
1913	120 003	227 244	160 028	507 275

Beim Bergverkehr gingen von der Saale

Jahr	zwischen Kalbe u. Bernburg t	zwischen Bernburg u. Gimritz t	oberhalb Gimritz t	zusammen t
1909	25 979	10 130	142 319	178 428
1910	17 289	24 225	177 228	218 742
1911	15 722	12 879	132 358	160 959
1912	19 513	5 425	174 989	199 927
1913	19 314	17 291	174 401	211 006

2. Im Berg- und Talverkehr besteht, wie schon die letzte Zusammenstellung erkennen läßt, ein bemerkenswerter Unterschied. Das Berggut strebt nach Halle; nur ein geringer Teil wird schon unterhalb Halles ausgeladen. Offenbar steht also der Verkehr in Gütern, die an der Saale oder in ihrer unmittelbaren Nachbarschaft gebraucht werden, hinter dem über Halle hinaus gehenden Umschlagsverkehr beträchtlich zurück. Leider läßt sich jedoch weder der Hallesche Ortsverkehr, noch der Hinterlandsverkehr trotz zahlreicher privater und zweier amtlicher Statistiken genauer erfassen. Nach vorsichtigen Schätzungen

ist anzunehmen, daß 50—70% der an der Gimritzer Schleuse angeschriebenen Gütermengen über die Weichbildgrenze Halles hinausgehen und den eigentlichen Umschlagsverkehr bilden. Danach wären als Umschlagsgüter in runden Zahlen anzunehmen:

Jahr	bergwärts	talwärts
1910	90—120 000 t	50—70 000 t
1911	65— 95 000	40—55 000
1912	90—120 000	50— 70 000
1913	90—120 000	60—85 000

Bei diesem Hinterlandsverkehr handelt es sich meistens um Stückgüter. Massengüter in Kahnladungen gehen nur ausnahmsweise im Umschlag über Halle; die Elbeplätze sind darin der Saale überlegen.

Der Art nach gehen im Umschlag über Halle nach Mitteilungen der Halle-Hettstedter Eisenbahn bergwärts vornehmlich: Eisen, Eisenwaren, Maschinen- und andere Metallwaren, Gerbstoffe und Gerbextrakte, Kaufmannsgüter, Schmier- und Mineralöle und Fette, Wolle, Häute. Von den Berggütern, die in Halle bleiben, verdienen der Menge nach besonderer Hervorhebung: Kaufmannsgüter aller Art.

Die unterhalb Halle gelöschten Berggüter sind Stückgüter; hauptsächlich aber Rohstoffe in Kahnladungen für die an der Saale gelegenen Unternehmungen, wie Mühlen, Papierfabriken, chemische Fabriken, Ziegeleien, Holzhandlungen u. a. Bisher haben sich diese Ausladungen immer unter etwa 20% des gesamten Bergverkehrs gehalten; dem Wert nach also noch beträchlich weniger als $^1/_5$, da es sich meist um billigere Massengüter gegenüber höherwertigeren Stückgütern handelt. Ein Umschlagsverkehr auf die Eisenbahn hat sich unterhalb Halle noch nicht ergeben und wird sich auch in größerem Umfange bei dem nahen, betrieblich und verkehrsgeographisch vorteilhafteren Elbeumschlag nicht entwickeln.

Für den Talverkehr gilt bezüglich des Hinterland-Umschlags das für den Bergverkehr gesagte: die oberhalb der Gimritzer Schleuse verladenen Güter sind größtenteils Stückgüter, die im Umschlag die Saale benutzen. Unterhalb Halles setzt aber der Talverkehr mit Massengütern ein. Er dient der Verwertung bedeutender, ohne die Wasserstraße kaum in dem erfolgten Umfang aufzuschließender Ton-, Sand- und Gipsläger und Steinbrüche. Daneben kommen noch Rohzucker, Weizen, Kalisalze, Ziegelsteine, Schlackensteine in betracht. Hier dient im Gegensatz zum Bergverkehr die Eisenbahn auch unterhalb Halles als Zubringer. So wurden nach der Reichsstatistik in Salzmünde von der Eisenbahn in den Kahn umgeschlagen an Gütern:

Jahr	Kalisalze zum Düngen t	Weizen und Spelz t	Rohzucker t	überhaupt Güter t
1909	12 844	—	1 344	20 386
1910	14 862	649	2 642	23 005
1911	5 249	256	11 873	19 441
1912	12 263	1 885	2 559	17 871
1913	9 737	4 597	1 996	18 384

In Wettin [35] wurden laut Reichsstatistik umgeschlagen:

Jahr	Erde, Kies Sand, Mergel t	überhaupt Güter t
1909	3 847	4 310
1910	7 542	12 922
1911	3 426	4 286
1912	6 532	8 308
1913	8 571	9 255

35) Mit welcher Vorsicht die Reichsstatistik zu bewerten ist, zeigt folgende Zusammenstellung, die von der Betriebsverwaltung der Wallwitz-Wettiner Eisenbahn in Wettin an Hand der Bücher über den Umschlag von Formsand an der Umschlagstelle auf Bahnhof Wettin von

In Friedeburg kamen im Umschlag nach Anschreibungen der Halle-Hettstetter Eisenbahn zur Verladung:

1910/11	April / März	11,683 t	
1911/12	„ „	10,964 t,	wovon das meiste Weizen

und Schlackensteine waren.

Besonderer Erwähnung als große Versender unterhalb der Bernburger Schleuse bedürfen die Deutschen Solvay-Werke, die 30—35,000 t jährlich versenden.

Trotha kann als unbedeutend vernachlässigt werden.

3. Nachstehende Zusammenstellung führt die wichtigeren Transportgüter auf, geordnet nach Gruppen der beförderten Gütermengen. Dieses quantitative Einteilungsprinzip ist gewählt, weil sich eine Aufteilung nach sachlichen Unterscheidungsmerkmalen, etwa nach Berg- und Talgütern, nach Durchgangs- und Lokalgütern, nach Rohstoffen, Halb- und Fertig-Fabrikaten oder nach anderen Gesichtspunkten als praktisch nicht durchführbar herausgestellt hat.

In den Jahren 1909—1913 gelangten im Durchschnitt nach der Reichsstatistik beim Durchgang der Schleuse zu Kalbe im Berg- oder Talverehr folgende Gütermengen zur Anschreibung:

---

der Bahn zum Wasser angefertigt und freundlichst zur Verfügung gestellt wurde:

1908	4,608 t
1909	3,427 „
1910	11,160 „
1911	3,766 „
1912	8,253 „
1913	9,069 „
1914	9,330 „

je 1000—2500 t

No.[36]	Bergverkehr	No.	Talverkehr
4	Blei in Blöcken	6b	Braunkohlenbriketts
19b	Unedle Metalle	28b	Roggen
27	Garne und Twiste	43	Oele, Fette usw.
28a	Weizen und Spelz	62	Teer, Pech, Asphalt usw.
28b	Roggen		
28e	Hülsenfrüchte		
28i	Andere Sämereien aller Art		
31c	Grubenholz		
31d	Rundholz zur Herstellung von Holz und Zellstoff		
31gl	Europ. Bretter, Balken usw., hart		
41a	Weizenmehl		
41c	Kleie		
65	Wein		
68b	Verbrauchszucker		

je 2500—5000 t

No.	Bergverkehr	No.	Talverkehr
12a	Stab-, Formeisen usw.	7a	Zement
16b	Maschinen und Teile	28g	Malz
23	Farbhölzer, Farbholzauszüge	63	Tonwaren, Porzellan, Steingut
28f	Mais	68a	Zucker, roh
28h	Lein-, Oelsamen		
31k	Außer-europ. Hölzer		
42a	Obst, Beeren		
44	Oelkuchenmehl u. Oelkuchen		
66	Wolle		

je 5000—10000 t

No.	Bergverkehr	No.	Talverkehr
6a	Braunkohlen, roh	8	Chemikalien
8	Chemikalien	41a	Weizenmehl
24	Fische und Schaltiere	42c	Küchengewächse
28d	Gerste	52a	Salz (Koch-, Speise-, Vieh-)

36) Die Nummern sind die Nummern des Güterverzeichnisses zur Aufstellung der Statistik des Verkehrs auf den deutschen Binnenwasserstraßen.

No.	Bergverkehr	No.	Talverkehr
30	Häute, Felle, Leder	68a	Zucker, roh
31el	Europ. unbearbeit. Holz		
31l	Ausser-europ. Holz, weich		
46a	Erdöl, Mineralöle		
62	Pech, Teer, Asphalt usw.		

je 10 000—20 000 t

No.	Bergverkehr	No.	Talverkehr
5	Lohe, Gerbstoffe	10d	Kalisalze zum Düngen
31g 2	Europ. Bretter, Balken usw. weich	49	Zuckerrüben
35	Kaffee, Kakao, Thee	59c	Pflastersteine aller Art
43	Oele, Fette, Trane, Talg	68b	Verbrauchszucker
47	Reis, Reismehl usw.		
60a	Steinkohlen		

je 20 000—50 000 t

No.	Talverkehr
21a	Erde, Kies, Sand
45	Papier und Pappe
55a	Soda, rohe

je 50 000- 100 000 t

No.	Talverkehr
21b	Ton, Lehm
28a	Weizen und Spelz
36	Kalk, gebrannter
59a	Gebrannte Mauersteine. Dachziegel

je mehr als 100 000 t

No.	Talverkehr
59b	Bau-, Bruch-, Werksteine.

Auch hier hat eine den Einzelheiten nachgehende Untersuchung ergeben, daß im Umschlag von Eisenbahn zu Schiff oder umgekehrt über die Saale nur die höherwertigen Güter gehen, die von der Bahn zum Spezialtarif II oder höher gefahren werden. Im Lokalverkehr benutzen aber auch Rohstoffe und Güter sonstiger Ausnahmetarife sowie des Spezialtarifs III den Fluß ganz regelmäßig.

Besondere Beachtung verdient Weizen, der in den letzten Jahren in steigendem Umfang zum Versand gebracht wird. Die talwärts beförderten Mengen gingen früher hauptsächlich an Hamburger und Berliner Mühlen und Händler. Seit einigen Jahren wird aber in zunehmendem Umfang nach Hamburg zur Ausfuhr verladen. Das hängt mit der Einrichtung der Einfuhrscheine zusammen und ist ganz besonders seit 1906, dem Inkrafttreten des neuen Zolltarifs, zu beobachten[37]. Beides wirkt zusammen und erlaubt dem Händler, Weizen im Gebiet der Saale zu Preisen aufzukaufen, die garnicht selten 3—4 M. je t über dem Preis liegen, den Mühlen etwa bis 1906 als Höchstpreis anlegten. Die gesteigerte Nachfrage führte zu einer Erhöhung der örtlichen Weizenmarktpreise und hatte zur Folge, daß die Saalemühlen notgedrungen den so in die Höhe getriebenen Weizenpreisen folgen und die Mehlpreise entsprechend erhöhen mußten. An der Saale und in ihrem Hinterland haben die Einfuhrscheine demnach zu einer dem einzelnen — wenn auch nicht merklich — belastenden Verteuerung des Konsums geführt. Der Weizenaufkauf zur Ausfuhr ist zeitweilig so umfangreich, daß es den Mühlen nicht immer möglich ist, das nötige Rohmaterial für die Aufrechterhaltung des vollen Betriebes heranzuschaffen, wollen sie nicht Preise anlegen, die ihnen keinen Nutzen mehr lassen.

Beachtung und Erklärung verdient auch die Tatsache, daß trotz der in der Nähe des Flusses gelegenen umfangreichen Braunkohlenlager nur wenig Braunkohlen auf die Saale

---

37) Vergl. die Geschäftsber. der Hildebrandtschen Mühlenwerke A.-G. in Böllberg bei Halle seit 1906. — Die Zentralgenossenschaft hat bis 1906 so gut wie keinen Weizen talwärts verladen. Das änderte sich allmählich; sie verlud Weizen in t:

1911/12	5,414
1912/13	8.300
1913/14	8,952

Die Zahlen beruhen auf Mitteilungen der Zentralgenossenschaft.

kommen. Selbst die in früheren Jahren übliche Versorgung einiger am Ufer gelegener Betriebe von Halle aus, herab bis Alsleben, hat nachgelassen und z. T. aufgehört. Die Saale bietet gegenüber dem Spez. Tar. III und dem Rohstofftarif sowie anderweitigen Vergünstigungen der Eisenbahn keinen Vorteil. Dazu kommt, daß die rohen Braunkohlen meistens an der Produktionsstätte verarbeitet werden, zu Briketts, Grudekoks, Teeröl, Pech und anderen Destillaten des Teeröls. Diese Produkte fährt die Bahn teilweise auch zu Sätzen des Spez. Tar. III, oder die Wasserversendung ist mit bestimmten technichen Nachteilen[38]) verbunden.

Ein an Bedeutung zurückgegangenes Verkehrsgut bildet auch Stammholz. Die mit nicht unerheblichen Gefahren für den Wasserabfluß, die Flußufer, die Bauten im Flußbett und den Schiffsverkehr verbundene Trift ist auf der Saale und Unstrut verboten. Dagegen spielt die Flößerei[39]) eine mit den Jahren allerdings an Wichtigkeit abnehmende Rolle. Die Zahl der Flöße ist immer mehr zurückgegangen. Nach der hierüber bis 1908 veröffentlichten Stat. d. D. R. betrug der Durchgang an Flößen zu Tal:

---

38) Braunkohlenbriketts z. B. werden bei Entfernungen von über 50 km zum Rohstofftarif gefahren, bis dahin zum Spez.-Tar. III. Von Halle nach Berlin Anh. Bf. beträgt die Fracht nur 43 Pfg. für 100 kg. Unter 35 Pfg. für 100 kg lohnt sich die Wasserfracht von Halle nach Berlin nicht. Die Differenz von 8 Pfg. würde gerade für die Hafenbahnfracht reichen. Außerdem wird die Vorfracht zum Spez.-Tar. III berechnet, weil die Entfernung von der Grube bis nach Halle nicht 50 km beträgt. Der Umschlag ist ausgeschlossen. — Dazu kommt die schwierige Löschung und Ladung der Briketts. Es gibt viel Bruch. Für den Empfänger ist es unpraktisch, einen ganzen Kahn zu beziehen, von dem ein Teil auf Lager genommen werden müßte. Per Waggon läßt sich das gerade benötigte Quantum beziehen, das vom Eisenbahnwagen unmittelbar dem Kunden oder Verbraucher zugeführt werden kann. Es werden so Fuhr- und Lagerkosten erspart.

39) Über Flößerei vergl.: Elbstrom, III, 2. S. 229. — Denkschr. 1882, S. 15—16. — Statistik des Deutschen Reiches N. F. Bd. 179, a. S. 70—71.

	Oelknitz (Saale)	Beuditz
1880	63,787 t	—
1890	24,607 t	40,037 t
1895	15,455 t	16,338 t
1900	13,332 t	19,589 t
1905	11,913 t	11,883 t
1906	11,688 t	10,903 t
1907	11,237 t	10,706 t
1908	9,265 t	9,597 t

Die meisten der an der oberen Saale geschlagenen und für untere Saalestationen bestimmten Stämme gelangten früher als Floßholz an ihren Bestimmungsort. Heut beziehen fast ausnahmslos nur unmittelbar am Wasser gelegene Schneidemühlen und Holzhandlungen Stämme als Floßholz. Ueberall, wo Floßholz erst noch auf die Bahn oder auf Fuhrwerk verladen werden muß, um sein Bestimmungsziel zu erreichen, wird in Anbetracht der von der Schlagstätte der Stämme bis zum Verarbeitungsort gestiegenen Arbeitslöhne und Fuhrkosten der nicht viel kostspieligere, schnellere und bequemere Bahnbezug vorgezogen. Selbst am Wasser gelegene Bezieher greifen unter Umständen auf den Eisenbahntransport zurück, sobald ihr Grundstück von der Bahn aus bequem erreichbar ist. Eine zweite Ursache für den nachlassenden Floßverkehr darf in der zunehmenden Verarbeitung des Holzes in der Nähe der Produktionsorte gesehen werden. So sind am Oberlauf der Saale neue Schneidemühlen entstanden, alte erweitert, in den meisten ist der Umsatz gestiegen; nicht zu vergessen die ihre Produktion jährlich steigernden Holzstoffabriken und Holzschleifereien im Einflußgebiet der oberen Saale.

Eine Begleiterscheinung des nachlassenden Floßverkehrs ist in dem Abflauen der noch bis 1900 alljährlich abgehaltenen Holzmessen in Kösen und Kamburg zu erblicken, von denen die erstere aus Mangel an Beteiligung in letzter Zeit wiederholt nicht mehr zustande kam.

4. der Saalegüterverkehr befindet sich in starker Abhängigkeit von der Elbe. Diese ist der Saale technisch und wirtschaftlich überlegen und kann deswegen niedrigere Frachten erstellen[40].

So ist das Flußbett der Elbe breiter, tiefer und durch Schleusen nicht gesperrt. Das erlaubt die Benutzung der wirtschaftlich vorteilhafteren Fahrzeuge mit großen Tragfähigkeiten, die dazu dank der größeren und regelmäßigeren Wassertiefe der Elbe besser auszunutzen sind. Namentlich bei niedrigen Wasserständen macht sich das bemerkbar; denn ein Saalekahn, der bei einem Tiefgang von 1 m mit 120 t beladen ist, fährt unwirtschaftlicher als ein bei gleichem Tiefgang mit 200—250 t beladener 800 t Kahn des Elbemaßes.

Die großen Schiffahrtsunternehmungen der Elbe, die mit auf diesen wassertechnischen Verhältnissen sich aufbauen, sind kapitalkräftiger und deswegen leistungsfähiger als die an der Saale. Sie können sich den mannigfach verschiedenen Bedürfnissen des Verkehrs mit ihrem großen und deshalb ebenfalls verschiedenartig zusammengesetzten Schiffspark besser anpassen durch Einrichtung neuer Linien, Bereitstellung von reichlichem Kahnraum, Erstellung besonders günstiger Ausnahmetarife, überhaupt billiger Frachten. Wie sie selbst vom Verkehr in ihrer Größe getragen werden, so ziehen sie auch immer neuen Verkehr wiederum an, während die vergleichweise geringfügigen Transportmengen der Saale jedes Schiffahrtsunternehmen in ziemlich engem Rahmen festhalten.

Am meisten aber hat die Saale unter dem an der Elbe ansässigen Großhandel zu leiden. An der ganzen Elbe sind große Läger für Güter aller Art. Getreide, Kohlen, Eisen, Dünge- und Futtermittel, Holz, Fette, Oele aller Art, Kaufmannsgüter u. a. werden dort vom Großhandel in Kahnladungen bezogen und gelagert. Die Ver-

40) Frachttabelle Pleißner S. 80.

teilung erfolgt mit der Eisenbahn nach Bedarf des Käufers in kleineren Mengen: die Saale ist an der Verteilung so gut wie unbeteiligt. Es wäre unvorteilhaft, die nachHalle, nach Bernburg, nach anderen an und nahe der Saale gelegenen Orten bestimmten oder über Halle hinausgehenden Waren zu Wasser vom mittelelbischen Lager abzunehmen; die geringe Entfernung macht den Wassertransport unlohnend. Auch handelt es sich gewöhnlich um Mengen, welche die Tragfähigkeit eines Kahnes nicht ausnutzen.

Eine Änderung in dieser Hinsicht wäre nur möglich, wenn der Großhandel an der Saale selbst Niederlagen errichtete, um von hier aus das Saalehinterland zu bedienen. Mit einer solchen Entwicklung ist aber nicht zu rechnen. Denn der Bezug auf der Saale mit 400 t Kähnen ist teurer als nach der Elbe mit 600—800 t Kähnen. Die mit etwaiger Teilung der Elbläger verbundenen höheren Geschäftsunkosten sind gleichfalls in Rechnung zu stellen. Dann sind die Hafen- und Raumverhältnisse in Halle, das wohl nur in Frage käme, vorläufig nicht derart, den Großhandel anzulocken.

Vor allem steht die Gewohnheit des Käufers entgegen, dorthin zu gehen, wo sich das größte Angebot zusammendrängt, wo der größte Markt ist, und das wird an den Elbplätzen immer der Fall sein. Die Elbe hat neben der Eisenbahn nach Süden zu als zweite wichtige Verkehrsmöglichkeit sich selbst. Der Großhandel will und muß nach allen Seiten volle Bewegungsfreiheit haben. Von der Saale aus hätte er sie nur nach dem Saalehinterland. Hier macht sich der Nachteil geltend, der mit jedem als kurze Sackgasse endenden Verkehrsweg verbunden ist.

Der Vorzug der durchlaufenden Verkehrsstraße zeigt sich an der Elbe besonders scharf bei den sog. Konditionalfahrten in Getreide. Der Hamburger Händler schickt unverkauftes Getreide ohne festes Bestimmungsziel bergwärts. Er will es von Hamburg aus im ganzen oder geteilt auf dem schwimmenden Kahn verkaufen und die verkauften

Mengen an dem jeweils für die Löschung geeignetsten Hafen löschen. Von einer 600 t-Ladung z. B. werden 200 t nach Aken verkauft, bevor der Kahn dort eintrifft; der Schiffsführer findet hier die Order vor, ladet 200 t aus und fährt mit 400 t weiter nach Wallwitzhafen, Riesa, Dresden, vielleicht bis nach Böhmen, je nach der inzwischen getroffenen Verfügung über das Getreide.

Für solchen Verkehr ist die Saale ungeeignet; bis Halle müßte alles verkauft sein, wenn der Rest nicht in Halle gelagert werden soll, bis sich ein Käufer findet. Das ist eine kostspielige Unbequemlichkeit, der der Handel aus dem Wege geht, wenn er kann.

So ist es auch zu erklären, daß die meisten Saaledurchgangsgüter von vornherein einen festen Bestimmungsort im Hinterland haben und gewöhnlich in Halle nur bis auf Abruf gelagert werden, wenn der Empfänger sie vorläufig nicht alle braucht.

Demgemäß ist die Saale der Elbe gegenüber im Umschlagsverkehr wettbewerbsfähig für Orte, denen Halle eisenbahntariflich näher liegt als die Elbplätze zwischen Schönebeck und Riesa[41]), sofern die Güter mit festem Bestimmungsort im Hinterlande über Halle gehen oder der Absender mit einer ihm vorher bekannten Lagerfrist in Halle rechnen kann.

5. Für die Abgrenzung des Saale-Hinterlands ergibt sich aus all' diesen Verhältnissen eine nicht unerhebliche Einschränkung hinsichtlich des Umfangs, der allein aus den Entfernungen sich errechnen ließe.

Bis Halle aufwärts umfaßt es nur die an der Saale selbst und in ihrer unmittelbaren Nähe gelegenen Gebiete. Alle mehr als 5—10 km vom Fluß entfernten Betriebe halten sich an die Eisenbahn und selbst, sofern sie östlich zur Elbe hin liegen, an diese.

41) Vergl. Königs Eisenbahnfrachttarif, der die Frachtsätze von den meisten deutschen Stationen nach Halle und den Mittelelb. Umschlagsplätzen mit Erwähnung der km Entfernung angibt.

Südlich Halle ist dann allerdings der Saaleverkehr gegenüber der Elbe wettbewerbsfähig. Aber schon bei Bitterfeld und Delitzsch, die beide mit ihrem Braunkohlengebiet noch zur Elbe gehören, verläuft die Trennungslinie, und selbst Leipzig ist noch heftiges Kampfgebiet, wenngleich die Saale hier mehr und mehr Raum gewinnt. Noch weiter südlich erstreckt sich dann das ausgeprägt zur Saale gehörende Hinterland westlich etwa der Eisenbahnlinie Leipzig—Altenburg—Zwickau—Greiz—Plauen—Hof.

Von Westen her bringt die Bahn Kassel-Nordhausen-Halle Güter etwa von Nordhausen aus heran, das aber außerdem über die Elbe und auch schon nach der Weser hin verfrachtet. Im Süden endlich läßt der Einfluß des Rheins, der noch durch die Tarifpolitik der bayerischen Eisenbahnen verstärkt wird, den Saaleverkehr sich nicht recht entfalten.

So kann das zwischen den beiden Bahnen Halle-Nordhausen und Halle-Leipzig-Hof sich erstreckende Gebiet, das außer einigen Teilen der Provinz Sachsen und des Königreichs Sachsen den größten Teil der Thüringischen Staaten umfaßt, als das Hinterland der Saale bezeichnet werden. Hier arbeitet im besondern Halle als Umschlagsplatz für Güter, die von und nach Hamburg-Lübeck und auch von und nach Berlin-Stettin bestimmt sind.

Schlußbemerkung.

Die Entwicklung des Saaleverkehrs liegt offensichtlich nicht beim Massengut, abgesehen von den unmittelbar am Ufer gelegenen oder von hier aus technisch leicht zu erreichenden Betrieben, sondern bei den Stückgütern. Diese mehr und mehr heranzuziehen, muß die Sorge aller beteiligten Kreise sein. Planmäßig fortgesetzte Bearbeitung des Hinterlandes, Verbesserung des regelmäßigen Eilgut- und Stückgutdienstes sind die wichtigsten Mittel zu diesem Ziele.

Besonders gute Aussicht bietet der Ausbau des Berlin-Stettiner Verkehrs. Es gilt für Halle und die Saale einen nicht unerheblichen Teil jener Umschlagsmengen zu erobern, die heute in Magdeburg nur deshalb umgeschlagen werden, weil von hier aus die Verbindung mit Stettin besser ist. Sobald auch Halle aus der Eröffnung des Hohenzollern-Kanals die entsprechenden Folgerungen zieht, in regelmäßiger und häufiger Folge direkte Eildampferfahrten nach Stettin einrichtet, wird der Verkehr an den von Halle aus kaum viel höheren Frachten gewiß nicht achtlos vorübergehen und die Gelegenheit benutzen, einen Teil der Eisenbahnfracht Halle-Magdeburg zu sparen.

Im Massengutverkehr dagegen muß sich die Saaleschiffahrt damit abfinden, daß ihr Fluß nicht lang und nicht leistungsfähig genug ist, um auch aus abgelegenen Gebieten die Transporte anzuziehen. Die Elbe im Osten, mehr noch und auf allen Seiten die Eisenbahnen, engen da ihren Wirkungsbereich in einer Weise ein, daß sie zu mehr als Lokalbedeutung nicht gut emporgehoben werden kann.

Es gilt an der Saale Qualitäts-, nicht Quantitäts-Arbeit zu betonen.

FSC
www.fsc.org
MIX
Papier | Fördert gute Waldnutzung
FSC® C083411

Kolibri 360 GmbH
Ferdinand-Jühlke-Straße 7
99095 Erfurt, Deutschland
produktsicherheit@kolibri360.de